KB147520

모두에게 기본소득을

21세기 지구를 뒤흔들 희망 프로젝트

기본소득 총서 ❶

모두에게 기본소득을

21세기 지구를 뒤흔들 희망 프로젝트

최광은 지음

basic income

basic income

basic income

basic income

basic income

기본소득

basic income

basic income

basic income

basic income

basic income

박종철출판사

기본소득은 가장 단순하고 강력한 해법이다

가이 스탠딩 Guy Standing
기본소득지구네트워크BIEN 명예공동대표
영국 배쓰대학Universuty of Bath 경제 보장Economic Security 교수

모두에게 기본소득을 준다고? 글쎄, 어떤가? 이것이 무엇을 의미하는지 잠깐 시간을 갖고 곰곰이 생각해 보자. 그리고 왜 세상의 몇몇 훌륭한 실천가와 지식인들이 기본소득은 가능할 뿐만 아니라 매우 바람직한 것이라고 깨닫게 되었는지 궁금증을 품어 보자.

공자가 말한 경구가 떠오른다. 그는 바깥으로 나가는 가장 손쉬운 방법은 문을 나서는 것이라는 당연한 사실을 지적하며, 다음과 같은 수사법으로 질문을 던졌다. "이런 방법을 택하는 사람들이 매우 적은 이유는 무엇일까?" 물론 그가 말하고자 했던 바는 너무 자주 사람들이 바람직한 목표를 달성하기 위한 가장 단순한 방법을 간과하고 문제를 과도하게 복잡하게 만든다는 것이다.

기본소득이라는 아이디어는 지구화되고 있는 세상에서 삶이 불안정하고 저소득층 사람들이 품위 있는 생활수준에 도달하는 것이 어렵기 때문에 이들이 품위 있게 생존하는 것을 보장하려면 모두에게 적정한 금액의 현금소득이 매달 지급되어야 한다는 것이다. 또한, 가족이나 가구의 일부 성원에게 지급되는 것이 아니라 개인에게 지급되어야 한다는 것이다. 따라서 여성은 남성이 받는 것과 마찬가지로 자신의 기본소득을 받을 것이며, 아이들도 기본소득을 받을 것이다. 다만 아이들의 경우에는 그들을 돌보는 사람에게 지급될 것이다. 이 현금은 무조건적으로, 즉 인간이 갖는 권리로서 받아야 하는 것이지, 몇몇 관료들이 마음에 들어 하는 방식으로 처신하는 것을 조건으로 받으면 안 된다. 그러므로 이는 사람들 각자가 최선의 장기적 관심사에 따라 행동할 것이라고 신뢰하는 것이지 온정주의적인 것이 아니다.

이런 맥락에서 기본소득은 인권의 창시자이자 미국 헌법 제정자 가운데 한 사람인 토머스 페인이 오래전인 1795년에 표명한 원칙을 준수하는 것이다. 그는 한 나라의 부는 모든 이전 세대들의 기여로부터 나오며, 오늘날 운 좋은 사람이 운이 덜한 사람보다 훨씬 잘 사는 것이 마땅하다고 할 수는 없다고 지적했다. 이런 이유 때문에, 여러분이나 내가 한 일이 다른 사람보다 많고 적음을 따질 것 없이 우리 선조의 투자와 고된 노동에 대한 보상인 사회배당의 형태로 적정한 몫을 받는 것은 사회의 모든 구성원에게 공평한 것이다.

우리 모두가 기본적으로 이러한 보장을 받아야 하는 것이 아닐까? 부족함이 있어도 모두 이러한 보장을 받아야 할 다른 이유들도 있다. 먼저, 이러한 보장을 받는 사람은 더 나은 시민이 된다. 그들은 자신의 가족, 이웃, 동포를 향해 이타심을 더욱 발휘하고, 다른 곳에서 온 사람들에 대해 보다 관대하다. 다음으로, 그들은 스트레스를 보다 적게 받으며, 질병이나 중독으로부터 좀 더 자유로운 경향이 있다. 그리하여 이러한 모든 것 때문에 그들은 경제의 발전과 성장에 기여하는 더 생산적이고 정력적인 노동자가 된다. 중간계급의 여러 선입견과는 반대로, 기본소득이 보장된 사람들은 실제로 더 일하고, 기술들을 익혀 이를 더 큰 영역에 적용하기 쉽다는 것이 밝혀졌다.

더욱 이기적인 사회 특권층의 사람들이 한 가지 점만 주의를 더 기울이게 해 보자. 한국과 같은 나라가 모든 국민을 위해 적절한 기본소득 제도를 시행할 여력이 없다는 주장이 자주 반복되지만, 그 주장에는 아무런 근거가 없다. 막대한 공적 자금이 가난한 사람들이 아니라 부자들에게 혜택을 주는 각종 보조금과 경비로 쓰이고, 막대한 금액이 과도한 행정적 비용에 소모되고, 그 지지자들이 주장하는 것과 같은 어떤 목적을 좀처럼 달성하지 못하는 낭비적인 사회정책의 형태로 쓰인다.

논쟁의 다른 측면도 감안해야 한다. 다른 어떤 곳에서도 도입되지 않았는데 한국에서 어떻게 기본소득이 도입될 수 있냐고? 아니, 다른 곳에서 진행되고 있다. 게다가 한국과 몇몇 유사점이 있는 나라에서 그렇게 하고 있다. 브라질은 2003년에 '보우싸 파밀리아Bolsa Familia'라는 전국적 현금 보조 제도를 도입했다. 처음에는 부양할 아이가 있는 여성부터 시작했지만, 점차 확대되어 2010년까지 5천만 명이 넘는 브라질 사람들이 매달 현금 보조를 받게 된다. 훨씬 더 중요한 것은 2004년에 브라질 정부가 여력이 생기는 대로 모든 시민들에게 기본소득을 단계적으로 지급할 것을 약속하는 「시민기본소득법」을 통과시켰다는 것이다. 현재에는 이를 정확히 실행하기 위해 착착 나아가고 있는 중이다. 한편, 아프리카, 아시아, 라틴아메리카 등에서는 기본소득 실험 프로젝트들이 진행되고 있다. 가장 최근에는 인도의 마디아 프라데시Madhya Pradesh 주州의 여러 마을과 나미비아의 비참하게 가난한 몇몇 마을들에서 이것이 진행되고 있다. 이런 곳에서 가능하다면, 다른 곳에서도 틀림없이 가능하다. 이 같은 프로젝트가 한국에서도 수행될 수 있다면 매우 좋을 것이다.

기본소득지구네트워크BIEN 창립자의 한 사람으로서, 그리고 지난 수년간 기본소득 운동을 함께하고 있는 몇몇 노벨상 수상자들을 포함한 매우 많은 저명하고 지조 있는 사람들을 만나 온 사람으로서, 나는 대의를 부여잡고 기본소득한국네크워크BIKN를 만든 한국인들로부터 깊은 감명을 받았다. 이 책은 이들의 노고를 보여 주는 적절한 예의 하나이다. 그리고 이 책은 삶의 질이 개선되기를 바라는 모든 사람들이 널리 읽을 만한 가치가 있다. 기본소득 운동을 이끄는, 그리고 이를 지지하는 한국인들이 더 많아졌으면 한다. 기본소득 보장을 위해 싸우는 것은 우리 모두를 위해 가치 있는 일이다.

오랜 세월에 걸쳐 비명悲鳴이 고조되고 있다. 따라서 투쟁은 계속된다! 이는 평화로운, 문명화된, 문명화를 위한 투쟁이다. 함께 싸우자!

모두를 위한, 모두에게 이익이 되는 길

강남훈

기본소득한국네트워크BIKN 대표

한신대 경제학과 교수

모든 사람에게 아무런 조건 없이 매월(또는 그 밖의 일정한 기간마다) 지급하는 기본소득이라는 말을 처음 들으면 대부분의 사람들은 기대와 우려를 함께 표현하게 된다. '우리 집안에 어려운 사람이 한 명 있는데, 기본소득을 받게 되면 내가 신경 쓰지 않아도 될 것이니 좋겠다.' '기본소득이 지급되면 시골에 가서 친환경 농사를 짓겠다.' 한편으로는 이런 생각을 하면서도, 다른 한편으로 이런 질문도 갖게 된다는 것이다. '그 많은 돈을 어떻게 마련하지?' '사람들이 과연 세금을 내려고 할까?' 기본소득의 필요성은 인정하면서도 실현 가능성을 의심하는 것이다. 조금 더 진지하게 고민하는 사람들은 '기본적인 소득을 보장하는 것보다는 기본적인 일자리를 보장하는 것이 더 낫지 않을까?'라는 질문도 많이 제기한다. 그리고 이렇게 말하는 사람도 상당수 있다. '기본소득을

실시하는 다른 나라가 있다면 그것에 대한 믿음을 가질 수 있겠다.'

이 책은 이러한 질문들에 대한 대답들을 체계적으로 모아 놓은 것이라 할 수 있다. 첫째로, 독자들은 이 책을 통하여, 실제로 기본소득의 실험이 있었다는 것, 미국 알래스카 주에서 오래전부터 실제로 시행하고 있다는 것, 앞으로 전면적으로 시행하려고 계획하고 있는 나라들이 있다는 것을 알 수 있다. 둘째로, 독자들은 기본소득을 둘러싼 논쟁을 한눈에 볼 수 있다. 기본소득은 오래된 이념이지만, 신자유주의 시대를 계기로 하여 전 세계로 확산되었다는 것을 알 수 있다. 셋째로, 독자들은 한국의 상황에 비추어 볼 때, 기본소득은 필요하고, 정당하며, 가능하다는 것을 확인할 수 있다. 한국에서 양극화가 심해지고 고용 상황은 악화되고 있지만, 기존의 낙후된 사회복지 제도를 가지고는 이러한 문제들을 해결할 수 없다. 이 책의 가장 큰 장점은 기본소득에 관련된 포괄적인 사례와 문헌들을 깔끔하게 정리해서 쉽게 소개해 주고 있는 것이라고 생각한다.

이 기회에, 기본소득이 재정적으로 실현 가능한지와 기본소득을 통하여 완전고용을 달성할 수 있는지에 대하여 간략한 서술을 추가하고 싶다.

우선 한국은 경제협력개발기구OECD 회원국 중 세금을 매우 적게 내는 나라에 속한다. 2008년 기준 한국의 조세부담률은 26.6%에 불과하다. 스웨덴과 같은 복지국가 건설을 바라는 사람들이 많이 있는 데, 그렇게 되기 위해서는 소득의 50%를 세금으로 내야 한다. 세금을 더 내지 않으면서 복지국가가 될 수 있는 길은 없다. 기본소득 도입을 위해서는 조세부담률을 35~40%로 높일 필요가 있다. 실제로 한국은 세금을 너무 적게 내고 있어서 세금을 걷을 수 있는 여력이 충분하다.

부동산세를 토지세로 단일화하고 3%의 세율을 매기면 30조 원이 마련된다. '증권양도소득세'를 신설하고 배당과 이자소득세율을 30%로 인상하면 적어도 60조 원이 생긴다. 탄소세와 같은 환경세로 30조 원을 마련할 수 있다. 앞으로 환경세는 더 늘려가야 할 것이다. 정보·통신 기술IT을 활용해서 지하경제의 세원을 포착하면 30조 원의 세금을 더 걷을 수 있다. 이 정도만 가지고도, 소득세나 부가가치세를 인상하지 않고서, 국민 일인당 연간 300만 원씩의 기본소득을 지급할 수 있는 것이다.

지금까지 자본주의의 역사에서 모든 정부가 고용 창출을 목표로 삼아 왔지만 완전고용은 한 번도 달성된 적이 없다. 특히 1970년대 이후에 각국 정부는 완전고용이라는 목표를 포기하고 고용 창출이라는 목표를 추구하고 있다. 기본소득은 지금까지 완전고용정책이 실패하였기 때문에 그 대안으로 제시된 것이다. 현재 한국의 노동자는 정규직 노동자 800만 명과 비정규직 노동자 800만 명으로 구성되어 있는데, 비정규직 노동자의 임금은 정규직 노동자의 절반 수준이다. 또한 영세 자영업자가 400만 명이고, 사실상의 실업자가 100만 명이다. 청년들의 체감 실업률은 25%나 된다. 청년 네 명 중 한 명이 백수인 셈이다. 대기업의 정규직 노동자로 취업하는 것은 일류 대학에 진학하는 것만큼 힘들게 되었다. 정부가 나서서 아무리 채용하라고 해도 기업은 더 이상 고용을 늘리지 않는다. 실제로, 다른 기업들과 치열하게 경쟁하고 있는 상태에서 불필요한 고용을 늘릴 여력이 없다. 청년들은 '88만 원 세대'로 전락하여 결혼도 못하고 아이도 못 낳고 있다. 30살에 결혼하면 빨리 결혼한다고 축하를 받게 되었다. 이제 유토피아 사회에서나 완전고용을 꿈꿀 수 있을까?

하지만 기본소득은 다음과 같은 여러 경로로 완전고용의 길을 열어 준다. 첫째로, 기본소득은 노동시간 단축을 가능하게 해 준다. 현대 자본주의에서 노동시간의 단축 없이 완전고용은 불가능하다. 둘째로, 기본소득은 비非자본주의적 노동을 증가시켜 노동시장의 노동력 공급 압력을 줄인다. 우리 사회에는 돈을 많이 버는 노동보다 보람 있는 노동을 하고 싶어 하는 사람들이 많이 있다. 예를 들면, 친환경 농부, 비영리단체 활동가, 협동조합이나 '사회적 기업' 종사자, 예술가, 비인기 학문 전공자, 정치가, 지역 운동가, 발명가, 환경 운동가, 언론인, 고아원과 양로원의 사회복지 노동자 등을 들 수 있다. 기본소득은 이런 사람들이 생계를 유지할 수 있는 가능성을 높여 준다. 셋째로, 기본소득은 자본주의적 일자리도 증가시킨다. 기본소득은 내수 시장을 키우고, 다른 한편으로는 중소기업 노동자들에 대한 '사회적 임금'의 역할을 할 수 있다. 중소기업에 취업하더라도 중소기업에서 받는 임금과 기본소득을 합하면 생활이 보장될 수 있는 것이다.

기본소득은, 불로소득이 절반 가까이 되고 경제 수준은 상위권이지만 복지 수준이 최하위권인 한국 자본주의에서 적절한 정책이라고 할 수 있다. 물론, 기본소득에 사용될 세금을 더 걷자는 데 대하여 국민들의 동의를 얻는 것은 쉽지 않은 일일 것이다. 그러나 기본소득이 국민 대다수에게 순이익이 되고, 정부가 쓸데없는 일에다 그 세금을 낭비하는 것이 아니라 국민들에게 그대로 나누어 주는 것이기 때문에, 머지않아 국민들의 동의를 끌어내는 정치 세력이 탄생할 수 있을 것으로 기대된다.

수년 동안 함께 기본소득 운동을 해 온 사회당 최광은 대표의 책을 독자 여러분께 권할 수 있어서 매우 기쁘다.

들어가며

기본소득은 필요하고, 정당하며, 가능하다.

1.

　자본주의사회에서의 만성적인 실업과 빈곤, 그리고 복지 사각지대의 존속은 사회적 권리로서의 인권에도 심각한 악영향을 미치고 있다. 더군다나 계속해서 엄습하는 세계적 경제 위기는 사회보험과 공공부조를 중심으로 한 기존의 복지국가 모델이 앞으로도 계속 유효하고 적절한 것인가에 대해 심각한 반성과 회의를 낳고 있다. 이전의 복지국가 모델을 통해서는 광범위한 빈곤, 완전고용이 지속 불가능한 현실, 사회적 배제 등으로 말미암은 여러 문제에 적절히 대처할 수 없다는 것이 점점 분명해지고 있다. 기본소득은 바로 이러한 위기를 해결하기 위한 대안으로 1980년대 중반 유럽에서부터 본격적인 논의가 이루어지기 시작해 이제는 전 세계적으로 그 논의가 확산하고 있는 추세다.

　기본소득 지지자들의 입장이 완전히 하나인 것은 아니다. 기본소득 논의가 가장 활발한 독일을 비롯한 유럽의 기본소득 지지자들 가운데 극소수는 기존의 복지국가를 해체하고 그 대신에 기본소득을 도입하자고 주장한다. 이와는 달리, 대다수의 기본소득 지지자들은 기존 복지국가의 해체가 아니라 그것의 성과 위에서 현재 나타나는 여러 문제점을 해결하기 위한 대안으로 기본소득의 도입을 주장하고 있다.

2.

기본소득 제도는 새로운 급진적 대안으로 전 세계의 주목을 받고 있는 가운데 한국에서도 최근에 적극적인 관심의 대상으로 떠올랐다. 정당과 시민사회단체의 관심은 점점 더 커지고 있고, 많은 연구도 이뤄지고 있다. 사회당과 대학생사람연대는 기본소득을 강령으로 삼았고, 전국교수노동조합은 기본소득을 주요 정책으로 채택했다. 전국민주노동조합총연맹 정책연구원의 '기본소득 연구 프로젝트'는 2008년부터 3년째 계속되고 있으며, 정부 출연 연구 기관인 한국보건사회연구원이 2009년 12월에 발행한 한 연구 보고서에는 '데모그란트 Demogrants', '범주적 공공부조'와 함께 '부분 기본소득'의 도입까지 검토 대상으로 올랐다. 그리고 지난 4월에는 '모두를 위한 글로벌 기본소득의 비전'이라는 연구 과제가 한국연구재단의 지원 사업으로 선정되는 일도 있었다.

가장 대중적인 관심을 끌었던 것은 물론 2010년 1월 말 서울에서 개최된 기본소득국제학술대회였다. 이를 통해 한국에서도 기본소득 지지 흐름이 만만치 않게 존재한다는 사실이 세계 각국의 기본소득 지지자들에게 알려졌다. 그리고 이는 2010년 7월 2일 브라질 상파울루 São Paulo에서 개최된 기본소득지구네트워크BIEN 총회에서 기본소득 한국네트워크BIKN가 그 가맹 조직으로 무난히 승인되는 결정적 계기가 되었다.

3.

기본소득은 기여금, 자산 심사, 노동 요구 없이 모든 사회 구성원에게 충분한 소득을 보장하는 제도이며, 무조건성, 보편성, 개별성을 그 핵심적인 특징으로 한다. 기본소득을 실현한다는 것은 현존 사회보장 제도를 급진적으로 개혁한다는 것인데, 이는 노동과 복지를 연계하는 것을 넘어서서 노동과 소득 사이의 연결 고리를 해체하는 것을 전제로 한다. 기본소득은 또한 현재의 임금노동형 완전고용 패러다임과 선별적이고 시혜적인 복지 패러다임 모두를 넘어서는 새로운 노동 패러다임과 보편적 복지 패러다임에 기초한다. 그리고 기본소득은 민주주의와 국민주권을 실질화하기 위한 사회경제적 기초를 수립하는, 신자유주의를 극복하는 대안(代案) 사회 프로젝트로서의 위상도 갖는다.

이처럼 기본소득은 다른 어떤 대안보다 단순하고 명료하며 강력한 아이디어이지만, 이 때문에 여러 가지 오해를 받기도 하고 다양한 층위의 비판을 받기도 한다. 이러한 오해와 비판의 화살을 날리는 진영의 정치적 색깔도 다양하다. 기본소득을 화두로 본격적인 씨름을 해 온 지난 2년 동안의 시간도 이러한 화살과의 치열한 싸움의 연속이었다. 가끔씩 엉뚱한 과녁을 향한 화살을 마주할 때는 답답하기도 했지만, 크게 괘념치는 않았다. 관심의 증거를 자주 확인하는 일이기도 했으므로. 하지만 이제 한 단계를 넘어서서 제대로 된 논쟁을 시작할 때도 되었다. 한국 사회에서 기본소득이 당당히 사회적 의제의 반열에 오를 때가 된 것이다. 이 책이 그러한 목적을 위한 디딤돌이 될 수만 있다면 더 이상 바랄 나위가 없다.

4.

이 책의 제1장부터 제3장까지는 필자의 석사학위논문 「기본소득 모델의 이해와 한국에서의 도입 가능성 연구」(2009년, 한신대학교 국제평화인권대학원)를 뼈대로 하고 있다.

제1장에서는 브라질의 「시민기본소득법」, 나미비아 오미타라 지

역의 기본소득 실험 프로젝트, 미국 알래스카 주㈜의 영구기금 배당, 독일의 기본소득 논의 등의 사례를 살펴보면서 여러 가지 시사점도 찾아보려고 한다. 이로써 기본소득이 한담에 그치고 있지 않다는 것을 먼저 보여 줄 것이다. 한편에서는 기본소득에 대한 활발한 연구와 논의가 계속 이루어지고 있고, 다른 한편에서는 기본소득의 도입을 위한 구체적인 실험과 제도화 과정이 상당히 진척되고 있는 수준이다. 브라질에서는 머지않아 기본소득이 전국적으로 시행될 예정이고, 나미비아 일부 지역에서는 실험적인 형태로나마 이미 2년간 시행한 경험이 있으며, 다소 예외적인 형태이긴 하지만 미국의 알래스카 주에서는 이미 오래전부터 기본소득과 유사한 배당이 실시되고 있다.

제2장에서는 기본소득에 대한 기본적인 이해를 돕기 위해 기본소득 논의의 배경과 역사, 그리고 기본소득 개념의 발전 과정 등을 살펴보고 있다. 또한, 기본소득에 대한 다양한 비판의 논리와 기본소득 논의의 배경 가운데 하나의 중요한 축을 이루는 새로운 노동 패러다임에 대한 모색도 여기서 함께 다룬다.

제3장에서는 낙후한 한국의 사회복지 제도, 낮은 사회복지 지출 수준, 점차 악화하는 고용 상황 등을 먼저 살펴본다. 그리고 기본소득의 재원 마련 방법으로 넘어간다. 기본소득 제도를 한국에 도입하는 것이 왜 필요한지, 또 이때 어떠한 과제들이 중요하게 대두될 수 있는지도 함께 살펴볼 것이다. 결론적으로, 한국의 구체적인 현실에 비추어 기본소득 제도를 도입하는 것은 필요하고, 정당하며, 가능하다는 주장을 편다.

5.

하지만 여기서 실망할 독자들이 있을지도 모르겠다. '그래서 기본소득 제도는 나한테 얼마를 주겠다는 거지?'라는 물음에 이 책은 성실히 답하고 있지 않기 때문이다. 군데군데에 몇 가지 힌트는 있지만, 그저 '충분한' 수준이라고만 언급하고 있다. 무엇을 하기에 충분하다는 것일까? 누구에게 충분하다는 것일까? 도대체 충분한 수준은 어느 정도일까? 이런 물음이 계속 이어질 수 있으며, 필자 또한 앞으로 계속 물을 것이다.

사실 세부적인 모델을 만들고 지급 액수를 설정하는 일 자체는 그리 어려운 일이 아닐 수 있다. 문제는 원칙과 방향이다. 원칙과 방향을 잘 세워 많은 이들의 공감을 얻는다면, 구체적인 설계도를 그리는 것은 비교적 쉬운 일이다. 그리고 '기본소득인가 아닌가?'라는 질문에서 '어떤 기본소득인가?'라는 질문으로 넘어가는 길목에서 다양한 기본소득 모델이 만들어질 수 있다. 때로는 이들이 서로 경합을 벌일 수도 있을 것이다.

6.

제4장은 지난 2009년 연말부터 장애인운동 활동가들 및 장애인단체와의 간담회, 토론회 등을 통해 다듬기 시작해 2010년 1월 27일과 28일에 서울에서 열린 기본소득국제학술대회 때 제2부 '지구화 시대의 도시와 기본소득' 순서에서 발표했던 글을 토대로 하고 있다. 뼈대는 그대로 유지했지만, 변화된 상황에 맞게 세세하게 수정하고 보완한 부분이 많다. 여기서는 한국에서 2010년 7월부터 시행된 장애인연금의 문제를 파헤치면서 장애인이 마주하고 있는 열악한 현실을 고발하고 기본소득과의 접목을 시도하고 있다.

제5장에는 두 개의 인터뷰를 실었다. 2010년 3월 말 일본 교토京都에서 열린 기본소득일본네트워크 설립 총회에 참석해 만난 오자와 슈지 기본소득일본네트워크 대표와의 인터뷰와 이 책의 추천사를 써 준 가이 스탠딩 기본소득지구네트워크 명예공동대표와의 인터뷰다.

사실 기본소득국제학술대회 때 한국을 방문했던 기본소득지구네트워크의 주요 인사들과도 인터뷰를 했어야 했는데, 그때는 실무 준비로 바빠 도저히 짬을 낼 수가 없었다. 그 아쉬움을 뒤늦게나마 달랜 것 같다. 인터뷰의 게재를 허락해 준 두 분에게 다시 한 번 감사의 인사를 드린다. 그리고 2010년 여름 브라질 상파울루에서 열린 기본소득지구네트워크 제13차 대회의 참가기도 넣었다. 현장감을 살리지 못한 부족한 글이긴 하지만, 멀리 다녀왔기에 몇 마디라도 하지 않을 수 없다는 의무감이 앞섰다.

덧붙여 「기본소득 서울 선언」과 「기본소득연합 발족 선언문」을 자료로 실었다. 「기본소득 서울 선언」에는 각국에서 온 기본소득지구네트워크의 주요 인사들을 포함해 600여명의 다양한 개인이 참여했다. 이는 또한 영어, 포르투갈어, 일본어, 러시아어, 우크라이나어 등으로 번역되어 전 세계에 알려졌다. 「기본소득연합 발족 선언문」에는 모두 51개의 단체와 772명의 개인이 참여했다. 이 모두가 기본소득의 역사를 함께 써 나갈 동지들이다. 이들 선언이 훗날 역사적으로 큰 의미를 지니게 될지, 흔해 빠진 그저 그런 선언 가운데 하나가 될지 알 도리는 없다. 분명한 것은 전자가 될 수 있도록 많은 사람들이 끊임없이 노력하고 있다는 사실이다.

7.

고마움을 전해야 할 분들이 참 많다.

먼저 한국에서 기본소득에 대한 관심과 논의가 확산될 수 있도록 격려와 지원을 아끼지 않았던 기본소득지구네트워크의 국제자문위원회 의장인 필립 반 빠레이스Phillippe Van Parijs 벨기에 루뱅가톨릭대학 교수, 기본소득지구네트워크의 명예공동대표인 에두아르두 수플리시 Eduardo M. Suplicy 브라질 연방상원의원과 가이 스탠딩Guy Standing

영국 배쓰대학 교수, 독일 기본소득네트워크의 로날트 블라슈케Ronald Blaschke와 독일의 좌파당DIE LINKE 부대표인 카트야 키핑Katja Kipping 연방하원의원, 이탈리아기본소득네트워크 부대표인 안드레아 푸마갈리Andrea Fumagalli 파비아PAVIA대학 교수, 기본소득일본네트워크 대표인 오자와 슈지小沢修司 교토부립대학京都府立大学 교수와 사무국장인 야마모리 도루山森亮 도시샤대학同志社大学 교수 등에게 감사의 인사를 드린다.

기본소득한국네트워크 대표인 강남훈 한신대 교수를 비롯하여 곽노완 서울시립대 교수 등 한국에서 기본소득과 관련된 여러 연구와 다양한 활동을 벌이느라 늘 분주한 운영위원들, 그리고 기본소득한국네트워크의 회원들 모두에게도 고맙다는 인사를 드린다. 특히 귀중한 시간을 내어 여러 모로 부족한 책에 추천의 글까지 써 주신 가이 스탠딩 교수와 강남훈 교수에게는 정말 어떻게 감사를 드려야 할지 모르겠다. 이 책을 쓰는 데 큰 힘이 되어 주고 배려 또한 아끼지 않은 사회당의 모든 당원에게도 감사의 인사를 드린다. 책을 쓴다는 핑계로 여러 모로 소홀함이 있었음에도 그동안 이를 눈감아 준 곁지기 수원과 딸 한슬이에게도 미안하고 고마운 마음을 꼭 전하고 싶다. 제심관制心館의 오병철 관장님에게도 큰 빚을 졌다. 마음을 잘 다스리지 못한 탓이다.

2010년 10월
만리재에서 최광은

차례

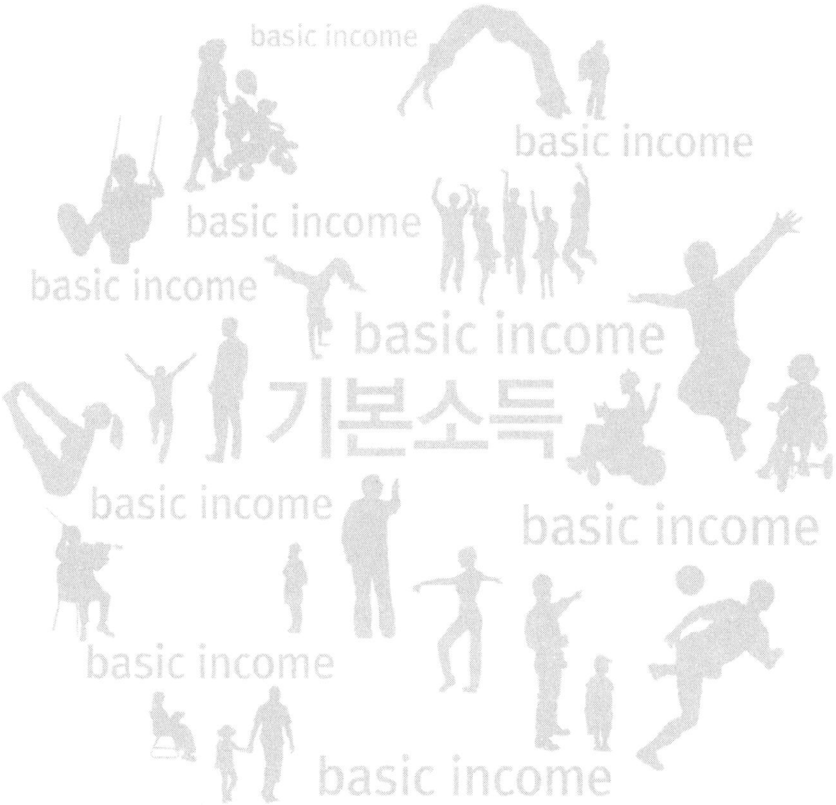

제1장 기본소득, 세상에 나오다

1.1 세계 최초로 기본소득법 제정한 브라질

> 사람들이 존엄하게 살아갈 수 있도록 선택권과 대안을 갖는
> 것이 필요하다. 시민기본소득의 중요성은 바로 여기에 있다.
> — 에두아르두 수플리시(Suplicy, 2006: 59)

브라질은 '시민기본소득'이라는 이름으로 기본소득 제도의 본격적인 시행을 앞두고 있다(한겨레, 2009a). 「시민기본소득법Lei da Renda Básica de Cidadania」은 2004년에 최종적으로 통과되었지만, 재원 마련 문제 때문에 그 시행에 이르기까지 제법 많은 시간이 걸리고 있다. 그렇긴 해도, 세계 역사상 최초로 전국적 수준에서 기본소득 제도를 도입하는 것을 목표로 한 법률이 통과되었고 이제 그 시행을 앞두고 있다는 점에서 브라질의 사례는 매우 큰 의의가 있다. 이러한 제도의 도입 계획이 「시민기본소득법」의 통과를 시작으로 갑작스럽게 진행되고 있는 것은 아니다. 기본소득의 핵심적 취지와는 다른 점이 있지만 '부負의 소득세'의 일종인 '보우싸 파밀리아Bolsa Familia'라 불리는 최소소득 보장 프로그램이 바로 이 시민기본소득 제도의 도입을 위한 첫 단계의 역할을 해 왔다고 볼 수 있다(Suplicy, 2007: 3). 이탈리아의 정치철학자 안토니오 네그리와 브라질의 정치학자 주세페 코코는

이 프로그램을 시민기본소득 제도의 맹아로 평가하기도 했다(Suplicy, 2006: 55).

기본소득 제도의 맹아, '보우싸 파밀리아'

브라질의 공용어인 포르투갈어 'bolsa'는 '지갑'을 뜻하므로, '보우싸 파밀리아'란 가족에게 돌아가는 지갑을 뜻한다 하겠다. 어쨌든 이 프로그램은 2009년 현재 일인당 월 소득이 140레알[1] 미만인 모든 가구를 대상으로 한다. 우선 일인당 월 소득이 70레알 미만인 가구에 매달 68레알의 기본수당을 지급한다. 그리고 16세 미만의 아동 한 명이 있으면 22레알, 두 명이 있으면 44레알, 세 명 이상이 있으면 66레알의 아동수당을 해당 가구에 지급한다. 또한, 16세 이상 18세 미만의 청년이 있으면 최대 두 명에 대해 각각 33레알의 청년수당을 해당 가구에 추가로 지급한다. 일인당 월 소득이 70레알 이상 140레알 미만인 가구에는 기본수당 없이 아동수당과 청년수당만 같은 방식으로 지급한다. 결국 이 프로그램을 통해 브라질의 빈곤 가구는 매달 최소 22레알 최대 200레알의 수당을 받을 수 있는데, 현재 이 프로그램의 대상이 되는 가구는 평균 95레알 정도의 수당을 받고 있다.[2] 그리고

---

1) 브라질의 화폐단위 1레알은 2010년 9월 현재 681원이므로, 140레알은 95,340원이다. 지역에 따라 편차가 크긴 하지만, 브라질의 물가는 상대적으로 비싼 편이다. 2010년 기준으로 한국에서는 2.98달러인 빅맥Big Mac이 브라질에서는 4.02달러이다. 참고로, 2010년도 브라질의 법정 최저임금은 월 506.50레알(약 34만 5천 원)이다.

2) 2003년에 이 프로그램이 처음 시행될 때는 100레알이 기준이었으나, 2006년 4월에 120레알로 조정되었고, 그 이후 다시 140레알로 조정되면서 다른 기준들도 함께 바뀌었다. 참고로, 일인당 월 소득 120레알을 기준으로 할 때의 수당 지급 기준은 다음과 같았다. 우선 일인당 월 소득이 60레알 미만인 가구에 매달 50레알의 기본수당을 지급했고, 16살 미만의 아동 한

이 프로그램에 소요되는 2009년도 예산 추계는 약 114억 3,400만 레알이다. 그러나 여기에는 몇 가지 조건이 부가된다. 우선 임신부나 산모는 공중 보건 센터에서 건강검진을 받아야 하고, 6세까지의 아동은 정해진 예방주사를 맞아야 하며, 7세 이상 16세 미만의 아동은 최소 85% 이상의 출석률로 학교에 다녀야 한다(Suplicy, 2007: 2). 그리고 청년수당이 새롭게 도입되면서 그 대상이 된 16세 이상 18세 미만의 청년에게는 최소 75% 이상의 출석률로 학교에 다녀야 한다는 조건이 부가되었다.

브라질에서는 2006년 7월 현재 약 1,120만 가구가 '보우싸 파밀리아' 프로그램의 혜택을 받았는데, 이 제도가 처음 도입된 2003년 10월 당시에 약 230만 가구가 혜택을 받았다는 점을 고려하면 그 대상이 놀라우리만치 늘어난 것이다. 이는 당시 일인당 월 소득이 120레알 미만이었던 브라질의 거의 모든 가구가 이 혜택을 받았다는 것을 뜻한다(Suplicy, 2006: 9; 2007: 2). 그리고 브라질에서 현재 가구당 평균 4명의 구성원이 있다는 것을 고려하면, 이 프로그램은 브라질 인구 1억 9,030만 명의 대략 4분의 1에 해당하는 4,500만 명을 끌어안는 것으로 발전한 것이며, 그 결과 소득분배의 불평등 정도를 나타내는 지니계수는 2002년 0.58에서 2007년 0.55로 개선되었다(한겨레, 2009b).

명이 있으면 15레알, 두 명이 있으면 30레알, 세 명 이상이 있으면 45레알의 아동수당을 해당 가구에 추가로 지급했다. 그리고 일인당 월 소득이 60레알 이상 120레알 미만인 가구에는 기본수당 없이 아동수당만 같은 방식으로 지급했다. 이전 기준으로는 이 프로그램의 대상 가구가 최소 15레알에서 최대 95레알까지 수당을 받을 수 있었던 것이다. 한편, 청년수당은 당시에 없었고, 나중에 140레알로 기준이 바뀔 때 신설된 것이다.

「시민기본소득법」이 통과되다

「시민기본소득법」을 기초한 것은 기본소득의 강력한 지지자이자 그 도입에 앞장서 온 브라질의 노동자당Partido dos Trabalhadores(PT) 소속 상파울루 주 연방상원의원인 에두아르두 수플리시였다. 그가 기초한 이 법률은 2002년 12월 브라질 상원에서 만장일치로 통과되었고, 이듬해인 2003년 12월 브라질 하원에서도 통과되었다. 마지막으로 2004년 1월 8일 룰라 대통령의 서명으로 이 법률은 효력을 갖게 되었다. 당시에 공포된 이 「시민기본소득법」은 다음과 같다.[3]

2004년 1월 8일 자 법률 제10,835호.

이 법률은 시민기본소득과 그 밖의 다른 조치들을 시행하기 위한 것이다. 공화국 대통령인 나는 국회가 다음의 법률을 포고하고 이를 승인한다는 것을 알린다.

제1조 2005년부터 시민기본소득이 시행된다. 이는 국내에 거주하는 모든 브라질 사람들과 브라질에 최소한 5년을 거주한 모든 외국인이 사회 경제적 조건의 부과 없이 매년 현금 급여를 받을 수 있는 권리로 이루어질 것이다.

제1항 이 조항의 첫머리에 언급된 것의 적용 범위는 행정부의 판단 기준에 따라 더욱 궁핍한 주민 계층을 우선하여 단계적으로 확대되어야 한다.

제2항 급여의 지급액은 국가의 발전 정도와 예산상의 능력을 고려하면서

---

3) 포르투갈어 「시민기본소득법」 전문은 수플리시 상원의원의 웹사이트(http://www.senado.gov.br/eduardosuplicy/Renda/renda.asp)에서, 영어 번역은 http://www.sinteseeventos.com.br/bien/pt/Lei da_renda_basica_english.pdf에서 볼 수 있다.

모두에게 동등한 액수가 되어야 하고, 각 개인이 식량, 교육, 건강에서 최소한의 지출을 할 수 있을 정도로 충분해야 한다.

제3항 이 급여의 지급액은 같은 액수로 월 단위로 분할될 수 있다.

제4항 이 조항의 첫머리에 언급된 현금 급여는 개인 소득세 부과를 목적으로 한 과세 소득이 아닌 것으로 간주한다.

제2조 급여액의 결정은 행정부의 권한이며, 이는 재정책임법인 2000년 5월 4일 자 제101호 보족법[4]의 제16조와 제17조에 있는 규정을 지키는 가운데 이루어진다.

제3조 행정부는 이 법률의 제2조에 있는 규정을 준수하며 2005 회계연도 연방 정부 총예산 가운데 이 계획의 첫 단계를 시행하기에 충분한 예산을 계산하여 넣을 것이다.

제4조 2005 회계연도부터 수년간의 계획 및 예산 지침과 관련된 법률 계획들은 이 프로그램의 시행을 위해 필요하다고 판단되는 그 밖의 다른 조치들과 마찬가지로 지출의 취소나 이전을 명기해야 한다.

제5조 이 법률은 공포일로부터 시행한다.

독립 183년, 공화국 116년, 2004년 1월 8일 브라질리아

루이스 이냐시오 룰라 다 실바LUIZ INÁCIO LULA DA SILVA
안토니오 팔로치 필로Antonio Palocci Filho
넬슨 마카도Nelson Machado
시로 페레이라 고메즈Ciro Ferreira Gomes

명시되어 있듯이, 기본소득 지급 대상에는 브라질 국민은 물론 브라질에 최소한 5년을 거주한 외국인들도 포함된다. 그리고 처음에는 2005년부터 가장 도움이 필요한 사람들부터 단계적으로 혜택을 줄

---

4) 브라질에서는 보족법이 행정기관 사이에 과세권의 경계를 명확히 하고 각종 세금의 과세 한도와 각각의 세법에 대한 일반적인 규정을 정하고 있다.

계획이었다. 또한, 행정부가 이 지급액의 수준을 결정하고 전체 인구가 혜택을 받을 때까지의 도입 속도를 결정하도록 되어 있었다. 이는 물론 이 프로그램의 시행이 국가 경제의 발전 정도와 사용 가능한 재원의 수준에 따라 제약된다는 것을 전제로 한 것이다. 예를 들어, 2010년부터 40레알을 브라질 국민 모두에게 매달 기본소득으로 지급한다고 가정하면, 연간으로는 일인당 480레알인데, 이를 약 1억 9천만 명인 브라질 인구와 곱하면 그 총액은 약 900억 레알로 브라질 국내총생산GDP의 5% 수준에 달한다(Suplicy, 2007: 5). 이는 '보우싸 파밀리아' 프로그램에 지출된 2006년 예산과 2009년 예산의 각각 약 10배와 8배나 되는 큰 액수이다. 이러한 재정상의 부담 때문에 이 「시민기본소득법」은 지금까지 '실행되지 않는 법률'로 남아 있었던 것이다.

「시민기본소득법」의 공포 당시에 재원 마련 방안이 구체화되지 않았기 때문에, 이 법률이 상당 기간 동안 '실행되지 않는 법률'로 남게 될 것이라는 사실은 예견되었다. 또한 이러한 사실은 이 법률이 공포되던 날 행한 룰라 대통령의 연설 가운데 다음과 같은 언급이 있었다는 점을 통해서도 충분히 알 수 있는 것이었다.

> 우리의 임무는 이 법률을 기능하는 법률로, 실행되는 법률로 바꾸는 것입니다. 왜냐하면 브라질에는 '실행되는 법률lei que pega'과 '실행되지 않는 법률lei que não pega'이 있기 때문입니다. 그리고 우리는 이 법률이 실행되기를 바라고 있습니다. 또한, 이것이 실행되기 위해서는, 법률을 현실화하는 것에 필요한 모든 재원을 마법의 티켓 같은 것을 사용해 단번에 손에 넣는 것 따위는 불가능하다는 것을 여러분 모두 이해해 주실 필요가 있습니다. (廣瀬純, [2007]2009에서 재인용)

한편, 앞으로 시민기본소득의 재원은 2006년 8월 브라질 상원에서 통과된 「시민기본기금 설치에 관한 법률」을 토대로 마련될 예정이다.

역시 수플리시 상원의원이 기초한 이 법률은 연방 소유 회사 주식의 10%, 자연 자원 채굴에 대한 사용료의 50%, 정부의 서비스 허가 수입의 50%, 연방 정부 자산 임대료의 50%, 연방 조세 수입 등으로 기금을 마련하도록 되어 있다(Suplicy, 2007: 4). 아직까지 이 법률은 브라질 하원에서 절차를 밟고 있는 중인데, 하원의 가족사회보장위원회에서는 이미 통과되었고 2009년 12월 현재 재무조세위원회의 의견서를 기다리고 있는 중이다.

1.2 기본소득 실험 프로젝트가 진행된 나미비아

이 꿈이 오미타라 사람들에게 실현될 뿐만 아니라 정말 나미비아
의 모든 사람들에게도 실현되는 것이 저의 진정한 소망입니다.
― 제파니아 카미타(BIG Coalition Namibia, 2009: Ⅷ)

아프리카 대륙 남서부에 위치한 나미비아Namibia는 1990년에 남아
프리카공화국으로부터 독립한 인구 약 2백만 명의 작은 나라다. 그동안
별다른 주목을 받지 못한 이 나라가 최근 전 세계의 큰 관심을 끌었다.
이곳의 수도 빈트후크Windhoek에서 동쪽으로 100km 정도 떨어진
오미타라Omitara 마을에서 진행된 매우 특별한 실험 때문이었다. 천여
명의 주민 가운데 그나마 일자리가 있는 사람도 저임금 농장 노동자로
겨우 생계를 잇는 매우 가난한 전형적 시골 마을인 이곳에서 과연
어떤 실험이 벌어졌던 것일까?

바로 '기본소득' 실험 프로젝트였다. 2008년부터 2009년까지 만
2년 동안 이곳 주민 모두에게 일인당 매월 100나미비아달러를 아무런
조건 없이 지급한 실험이었다. 2009년 연말에 이 기본소득 실험 프로젝
트가 공식적으로 끝났지만, 이후에도 계속해서 이 지역 주민들에게
일인당 80나미비아달러씩의 기본소득이 지급되고 있다. 이 프로젝트

가 성공적으로 진행되었다는 소식이 전 세계로 알려지면서 후원금이 계속 들어오고 있고, 이것이 기본소득의 재원으로 쓰이고 있기 때문이다(KBS, 2010).

실험은 성공의 지름길이다

전국적 수준에서의 도입 여부는 아직 결정되지 않았지만, 이 프로젝트가 최종적으로 매우 성공적인 것으로 판명될 때 그 도입 움직임이 가속화되리라는 것은 분명하다. 한편, 2009년 4월에는 실험 프로젝트 시행 일 년 후의 변화를 짚어 본 종합적인 중간 평가 보고서가 나왔다(BIG Coalition Namibia, 2009). 여기서는 이 보고서를 토대로 기본소득 제도의 긍정적 효과를 살펴보고자 한다. 나미비아의 기본소득 실험 프로젝트는 대상도 제한적이고 기간도 제한적이긴 하지만, 이 보고서는 그 나름대로 의미 있는 경험적 결과들을 보여 주고 있다. 그 결과 가운데 핵심적인 것들만 추려서 간략히 소개하도록 하겠다. 먼저 이 실험 프로젝트의 개요는 다음과 같다.

- 대상: 나미비아 오미타라 지역의 모든 주민(60세 미만[5] 930명)
- 지급 금액: 매달 100나미비아달러(한화로는 약 1만 5천 원)
- 지급 방식: 우체국 예금 계좌로 송금(처음 6개월은 직접 지급)
- 기간: 2008년 1월부터 2009년 12월까지 24개월
- 비고: 21세 미만은 돌보는 사람에게 지급.

우선 가장 두드러진 점은 기본소득의 지급 이후 빈곤 문제가 급격하게 개선되었다는 것이다. 〈그림 1〉에서 보듯이 식량 빈곤선에 있는

---

5) 60세 이상 주민은 이미 국가로부터 노령연금을 받고 있기 때문에 대상에서 제외되었다.

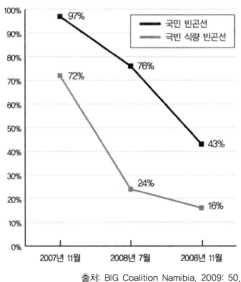

〈그림 1〉 오미타라 지역의 국민 빈곤선과
극빈 식량 빈곤선의 변화 추이(이주민 제외)

출처: BIG Coalition Namibia, 2009: 50.

사람들의 비율은 2007년 11월 72%에서 2008년 11월 16%로 무려 56%나 줄어들었다. 이 통계는 그 지역으로의 이주민은 포함하지 않은 것이다. 2007년 7월 현재 그 지역 거주민으로 등록된 사람들에게 만 기본소득이 지급되고 그 이후에 이주해 온 사람들에게는 기본소득이 지급되지 않는데, 이는 실험 프로젝트의 특성상 불가피한 부분이다.

실업률 또한 〈그림 2〉에서처럼 2007년 11월 60%에서 2008년 11월 45%로 상당히 많이 줄었다. 줄어든 수치인 45%도 너무 높다고 여길 수 있지만, 이 통계가 15세 이상의 경제활동인구만을 대상으로 한 통상적인 방식이 아니라 15세 이상의 전체 주민을 대상으로 한 패널 조사 방식을 사용했다는 점에 유의해야 한다. 패널 조사 방식이라는 한계가 있지만, 이 통계 수치는 사실상 비고용률을 나타낸다. 비고용

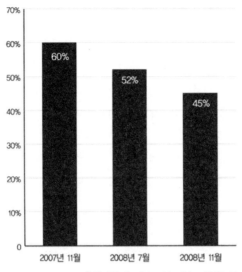

〈그림 2〉 오미타라 지역의 실업률 변화 추이

출처: BIG Coalition Namibia, 2009: 71.

률은 15세 이상 전체 인구 가운데 미취업자의 비율을 가리킨다. 통상적인 실업률unemployment rate은 15세 이상 전체 인구가 아니라 경제활동인구 가운데 실업자의 비율을 나타내기 때문에 이러한 비고용률보다훨씬 낮은 수치를 보인다.

　아무튼 이러한 결과는 매우 놀라울 뿐만 아니라 상징적인 의미가있다. 기본소득의 주요 비판 논리 가운데 하나가 고상하게 말하면'노동 윤리의 실종', 쉽게 말하면 '놀고먹는 사람이 늘어날 것', '게을러질것' 등인데, 이 결과는 그러한 예상이나 추측과는 달리 경제활동인구가오히려 늘어났다는 것을 실제로 보여 줌으로써 이를 정면으로 반박하고있기 때문이다.

　사실 아무런 조건 없이 소득이 보장되면 노동 윤리가 훼손될 것이라는 뿌리 깊은 암묵적 가정을 반박하는 경험적인 결과는 오래전에 미국에도 있었다.

다수의 미국인들과 대부분의 정치가들은 사람들에게 보장된 소득을 제공한다는 생각을 납득하기 어려웠다. 다수의 정치가들은 …… 연간 소득의 보장이 노동 윤리를 심각하게 침해하고 전혀 노동하지 않는 미국인들을 창출할 것이라고 믿었다. 위원회[1967년 미국의 존슨 대통령이 만든 소득보장 전국위원회-인용자]의 권고는 시들해졌지만 정부는 연간 소득 보장의 가능성을 테스트하기 위한 다수의 시험적 프로젝트를 실행했다. 정부는 이것들이 놀랍게도 다수의 정치가들이 두려워했던 대로 노동 의욕이 감지할 수 있을 만큼 감소되지 않았다는 사실을 발견했다. (Rifkin, [1995]1996: 340)

여기에서 언급된 실험 프로젝트는 미국 네 곳과 캐나다 한 곳에서 실행된 것이었는데, 이에 관해서는 데렉 훔과 웨인 심슨(Hum et al, 1993), 앨런 셰헨(Sheahen, 2002) 등이 상세하게 분석하고 있다. 영구기금 배당이 실시되고 있는 미국 알래스카 주에서도 이 배당 때문에 경제활동 참가율이 떨어졌다는 증거는 발견되지 않았다(Goldsmith, 2009).

〈그림 3〉에서는 기본소득의 영향으로 그 지역 주민의 일인당 소득이 거의 두 배로 증가했다는 사실을 알 수 있다. 막대그래프의 윗부분은 순수하게 기본소득으로 말미암은 소득 증가분을 보여 주는 것인데, 이는 2008년 7월에는 75나미비아달러이고 2008년 11월에는 67나미비아달러이다. 실험 프로젝트의 개요에서 언급했듯이, 그 지역의 해당 주민들은 매달 100나미비아달러를 받는다. 그런데 소득 증가분이 100나미비아달러보다 적은 이유는 기본소득 수급 대상자가 아닌 연금 수령자와 이주민까지 포함하여 계산했기 때문이다. 그리고 몇 달 사이에 기본소득으로 말미암은 소득 증가분의 평균 액수가 줄어들었다는 것은 같은 기간에 그만큼 이주민이 늘었다는 것을 보여 준다.

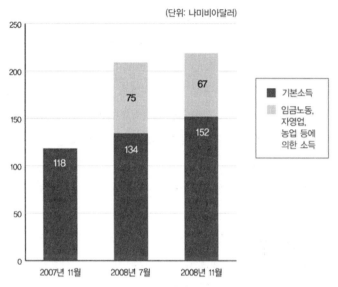

〈그림 3〉 오미타라 지역의 일인당 월평균 소득의 변화 추이

(단위: 나미비아달러)

출처: BIG Coalition Namibia, 2009: 72.

실제로 자신이 기본소득 수급 대상자가 아니라는 것을 알면서도 그 지역으로 이주한 사람들이 늘었다.

〈그림 3〉에서 특히 주목할 만한 부분은 기본소득으로 말미암은 소득 증가분을 제외한 임금노동, 자영업, 농업 등을 통한 기타 소득이 2007년 11월 118나미비아달러에서 2008년 11월 152나미비아달러로 29% 증가했다는 사실이다. 이것은 일자리가 증가하고 생산에 참가하여 얻은 소득이 늘어난 덕택이다. 이 보고서에 따르면, 특히 자영업을 포함한 소규모의 사업들이 활기를 띤 것으로 나타났다. 부분적이고 제한적이긴 하지만 기본소득의 경제 효과가 증명된 셈이다.

한편, 이 때문에 오미타라 지역 주변의 한 백인 농장주는 기본소득 실험 프로젝트에 대해 냉소적인 반응을 보이기도 했다(MBC, 2009).

백인 농장주들은 이제까지 턱 없이 싼 임금으로 이 지역 주민들을 마음껏 부려 왔는데, 이 실험 프로젝트의 시행 이후 주민들의 자립이 늘어나면서 예전처럼 대할 수 있는 여지가 줄어드는 상황이 탐탁하지 않았기 때문이다. 한 예로, 실험 프로젝트가 진행되면서 7명의 자녀와 남편과 함께 사는 이 마을 주민 프리다 넴봐야 씨에겐 매달 900나미비 아달러가 새로 생겼다. 그녀의 남편이 농장에서 일해 받는 월급이 400나미비아달러였으므로, 기본소득으로 인한 가구 전체 소득이 남편 월급의 두 배가 넘었던 것이다. 이 돈으로 그녀는 빵 굽는 일을 즐겁게 시작할 수 있었다(KBS, 2010).

마지막으로, 범죄도 상당히 줄어들었다는 결과가 나왔다. 전체 범죄 건수가 기본소득 지급 이전 시기인 2007년 1월 15일부터 10월 31일까지는 85건이었고, 기본소득 지급 시기인 2008년 같은 기간에는 54건이었다. 이미 잘 알려진 문제이기도 하지만, 이는 사회경제적 조건과 범죄 사이의 상관관계를 다시 한 번 보여 준 것이라고 할 수 있다. 이 외에도 여기서 일일이 언급하지는 않았지만, 교육, 보건, 의료, 성 평등 등의 차원에서도 매우 긍정적인 결과들이 나왔다고 이 보고서는 밝혔다.

다만, 정치적 의지의 문제다

2009년 연말에 끝난 이 실험 프로젝트의 최종 보고서에서도 이러한 긍정적 결과들이 분명히 나타난다면 나미비아에서 기본소득 제도가 전국적으로 시행될 가능성은 더욱 커질 것이다. 이러한 실험 프로젝트 를 나미비아 전국으로 확대해 시행한다고 가정할 때, 2009년 현재 60세 이상의 노령연금 수혜자 약 15만 명을 제외하고 190만 명의 국민에게 매달 100나미비아달러를 지급하는 데 필요한 연간 소요

예산 총액이 약 23억 나미비아달러이다. 하지만 세금 환급 효과 등을 제외하면 순수 추가 비용은 12억에서 16억 나미비아달러, 즉 나미비아 국내총생산GDP의 2.2%에서 3.0% 수준이다. 수치가 범위로 제시된 것은 조세제도 개편의 방향에 따라 결과가 다르기 때문인데, 부가가치세 중심으로 세원을 마련하면 순수 추가 비용이 적게 들고, 소득세를 중심으로 하면 순수 추가 비용이 더 든다. 물론 후자를 택하면 빈민들에게 이전되는 소득이 더 늘어난다(BIG Coalition Namibia, 2009: 83~84).

계량경제학적 분석에 따르면 나미비아의 조세부담 능력은 국민소득의 30%를 초과하는데, 현재는 25% 이하로 조세를 부담하고 있기 때문에, 이를 그 수준으로 끌어올리는 과정에서 기본소득 제도를 시행하기 위해 필요한 순수 추가 비용은 어렵지 않게 마련할 수 있다고 한다(BIG Coalition Namibia, 2009: 16). 따라서 나미비아의 기본소득 지지자들은 적절한 조세제도 개혁과 예산 우선순위 변경 등의 조합을 통해 재정의 안정성을 해치지 않으면서도 지속 가능한 기본소득 제도를 즉각 실현할 수 있다고 본다. 이것의 실현은 다만, 정치적 의지의 문제라는 것이다(BIG Coalition Namibia, 2009: 97).

1.3 기본소득과 유사한 배당을 실시하는 미국 알래스카 주

주민들 일부 가운데에는 주(州)가 소유한 석유 자원이 집합적인 모든
시민보다는 그들 개인에게 속한다는 생각이 강하다. 이는 배당이
주 정부의 지출이라기보다는 자신의 권리라는 개념을 강화했다.
— 스콧 골드스미스(Goldsmith, 2002: 7)

　　미국 알래스카 주의 사례는 매우 특수한 상황에 해당한다. 석유라는
자원에서 나오는 막대한 수익이 없었다면 이러한 시도는 이루어지기
어려웠을 것이다. 그렇다 해도 이를 주목해야 하는 이유는 충분하다.
자연 자원으로부터 획득하는 수익이 풍부한 나라들 모두가 이런 시도를
하는 것은 아니기 때문이다. 풍부한 수익이 있다고 해도 기본소득과
같은 발상을 받아들이고 그것이 가져올 긍정적인 사회적 효과에 대해
인식하지 않는다면 이러한 제도를 시행하는 것은 불가능할 것이다.
　　이러한 모델이 도입되기까지는 1974년부터 1982년까지 알래스카
주지사를 역임했던 제이 하몬드의 역할이 가장 컸다. 그는 1960년대에
알래스카의 브리스톨 만Bristol Bay에 접한 작은 어촌의 시장을 지내던
무렵, 어업으로부터 막대한 부가 생산되고 있음에도 주민 대다수가
여전히 가난하다는 것에 주목했다. 이에 그는 어업에서 벌어들인 가치
에 3%의 세금을 부과하여 기금을 설치하고 이를 모든 주민을 위해

쓰자고 제안했던 적이 있다. 이러한 경험은 10여 년 후 그가 알래스카 주지사가 되었을 때 알래스카영구기금Alaska Permanent Fund 설치 제안으로 이어졌다(Suplicy, 2006: 32~33).

미래 세대를 위한 오늘의 투자

제이 하몬드는 북미에서 가장 커다란 산유 지대인 프루도 만Prudhoe Bay에서 원유로 얻어진 커다란 부는 주에 거주하는 주민들을 위해서만 쓰여야 한다고 생각했다. 그리하여 그는 석유로부터 얻어진 수익의 일부를 적립함으로써 이러한 부가 축적되는 것을 보장해 주는 기금의 설립을 제안했다. 이러한 기금의 설치 배경에는 다음과 같은 인식이 크게 작용했다. 첫째, 앞으로 자원 고갈은 피할 수 없으므로 석유 생산에서 얻어진 현재의 수익을 알래스카의 미래 세대들을 위해서도 사용할 수 있도록 모아 두어야 한다. 둘째, 이러한 수익을 낭비적으로 지출할지도 모를 정치인들로부터 이를 지켜내야 한다(Goldsmith, 2002: 1~2).

이에 따라 1976년 주 헌법 개정을 통해 석유를 포함한 주 소유 자연 자원의 판매로부터 벌어들인 수익의 최소 25%를 적립하는 알래스카영구기금이 설치되었다. 당시 알래스카 주민은 약 30만 명이었는데, 1976년 11월 2일에 시행된 주 헌법 개정 투표에서 75,588명은 찬성표를, 38,518명은 반대표를 던졌다(Alaska Permanent Fund Corporation, 2005: 13; Suplicy, 2006: 33). 그리하여 1979년부터 2003년까지 석유 수익의 50%를 기금으로 적립했고, 2003년에 통과된 법은 이를 25%로 낮추었다. 이 법이 정한 기간이 2008년 10월 1일로 만료됨에 따라 그 이후부터는 다시 석유 수익의 50%를 기금으로 적립하고 있다(BIEN, March 2009: 9).

이렇게 해서 기금은 설치되었지만, 이제는 이 기금의 운용 방법과 관련하여 의견이 분분했다. 1980년까지 약 4년 동안 이어진 이 논쟁에서 크게 두 가지 의견이 대립했다. 하나는 이 기금에서 발생하는 수익을 분배함과 아울러 이 기금을 미래를 위한 투자 기금으로 운용하자는 것이었고, 다른 하나는 이를 단기적으로 알래스카의 경제를 활성화하기 위한 개발은행의 재원으로 운용하자는 것이었다. 그러나 1980년에 선출된 대표자들 다수가 투자 기금 개념에 찬성함으로써 이 논쟁은 일단락되었다(Alaska Permanent Fund Corporation, 2005: 9~11).

주지사 제이 하몬드 또한 그 입장을 강력하게 지지했다. 그는 또한 구체적으로 알래스카 주민들이 이 기금의 성장과 지속에 관심을 기울이도록 모든 거주자에게 거주 기간에 비례하는 배당을 매년 지급하겠다는 계획을 밝혔다. 이 계획은 거주 기간을 최대 25년으로 설정하여 1년 거주자에게는 1년 치의 몫을, 2년 거주자에게는 그 두 배의 몫을, 그리고 25년 이상 거주자에게는 25배의 몫을 나눠 주자는 것이었다 (Goldsmith, 2002: 4~5). 그러나 그의 계획은 다른 주들에서 이주해 온 사람들을 차별한다는 이유로 미국 대법원에 제소되었고, 결국 수정 연방헌법 제14조 '동등 보호 조항'에 어긋나는 것으로 판결이 났다. 따라서 이 계획은 나이나 주에서 거주한 기간과는 상관없이 알래스카에 적어도 1년 이상 공식적으로 거주한 모든 사람에게 배당을 주는 단순한 계획으로 수정되었다. 영구기금 배당이 기본소득에 가까운 모습으로 다시 태어난 셈이다.

영구기금 배당이 시행된 첫 해인 1982년에는 특별히 일인당 1,000 달러의 배당이 지급되었는데, 이때는 기금 수익이 아닌 석유 판매 수익 잉여금에서 배당을 지급했다. 다음 해에는 배당이 386달러로 떨어졌는데, 배당 지급 총액을 지난 5년간의 기금 운용 평균 수익의 절반으로 정한 규칙 때문이다. 이 규칙은 지금까지 적용되고 있다.

이후 배당은 조금씩 늘어 1995년에 990달러, 2000년에 1,963달러였다. 그리고 지난 2008년에는 애초 일인당 2,069달러를 지급하기로 했지만 1,200달러의 일시 보상이 추가로 지급되어 역대 최고 수준을 기록했다.

〈표 1〉 알래스카영구기금의 법정 순이득

(단위: 달러)

2004년	2005년	2006년	2007년	2008년	합계
15억2백만	17억5,400만	26억9천만	34억2천8백만	29억3천8백만	123억1천2백만

자료: Permanent Fund Dividend Division, 2009.

참고로, 2008년 배당액은 다음과 같은 방법으로 계산되었다. 먼저 아래 〈표 1〉과 같이 영구기금의 지난 5년간의 법정 순이득을 합산한다. 여기에 지난 5년간의 수익 평균을 산출하기 위해 법정 비율인 21%를 곱하면 25억85백만 달러가 된다. 이를 다시 총 배당액을 산출하기 위해 법령에 따라 절반으로 나누면 12억9천3백만 달러가 된다. 여기에 2009년 영구기금 배당을 위한 초기 잔액 1천1백2십만 달러를 더하면 13억4백4십만 달러가 되고, 그 다음에 전년도 영구기금 배당국의 운영비 및 관련 주 지출 3천8백3십만 달러를 빼면 12억6천6백1십만 달러가 된다. 여기서 또 전년도의 배당 지출을 위한 예치금 2백4십만 달러를 빼면 12억6천3백7십만 달러가 된다. 이제 마지막으로 이를 배당 신청 자격이 있는 알래스카 주 거주민들의 수로 나누면 (1,263,681,865달러/610,768명) 2,069달러가 된다. 여기에 일시 보상 1,200 달러를 추가해서 3,269달러라는 배당액이 최종적으로 나온 것이다 (Permanent Fund Dividend Division, 2009).

이 기금의 관리와 운용은 1980년에 설립된 주 소유의 알래스카영구기금법인Alaska Permanent Fund Corporation이 맡고 있다. 2009년 7월 현재 영구기금의 자산 운용 현황을 보면, 국내외 주식이 38%, 채권이 22%, 부동산이 12%로 매우 큰 비중을 차지하고 있고, 전체 영구기금의 시장 가치는 320억 7,140만 달러에 이른다.

가장 평등한 주가 된 알래스카

영구기금 배당은 뚜렷한 경제적 평등의 효과를 보여 주었다. 2002년 이전 10년간의 통계를 보면, 미국 전체의 부유한 가구 20%의 평균 소득이 26% 증가했지만 가난한 가구 20%의 평균 소득은 12% 증가에 그쳤다. 그러나 알래스카에서는 같은 기간에 부유한 가구 20%의 평균 소득이 7% 증가에 그쳤으며 가난한 가구 20%의 평균 소득은 28%나 증가했다(Goldsmith, 2002: 11). 미국에서 가장 낮은 일인당 소득을 보여 주는 곳 가운데 하나인 알래스카의 시골 거주자들과 소득이 불확실했던 사람들은 이 배당으로 말미암아 현금 유동이 상당히 안정화되었고, 몇몇 지역에서는 이 배당이 현금소득의 10% 이상을 차지하기도 한다. 이러한 사실들을 통해 분명히 알 수 있는 것은 알래스카 주가 이 제도의 시행으로 말미암아 미국의 주들 가운데 가장 평등한 주가 되었다는 점이다.

1.4 기본소득 논의의 전시장 독일

당신은 기본소득을 위해 투표할 수 있습니다.
 - 2009년 9월 독일 총선에서 독일 기본소득네트워크가 내건 구호

독일의 기본소득 모델은 매우 다양하다. 사회적 논의가 활성화된 만큼 관심이 다양하다는 증거이다. 독일은 기본소득과 관련하여 가장 활발한 논의가 이루어지는 나라이기도 하다. 사샤 리버만은 독일에서 기본소득이 사회적 의제로 떠오르기까지의 과정을 개괄적으로 소개하고 있다(Liebermann, 2008).

독일에서는 최근 기본소득에 대한 적극적인 관심을 보여 주는 상징적인 사례가 하나 있었다. 2008년 12월 10일 수잔느 비스트가 '사회보장 개혁 제안 – 조건 없는 기본소득'이란 제목으로 독일연방하원에 제출한 온라인 청원이 그것이다. 모든 성인에게 1,500유로, 모든 아이에게 1,000유로의 기본소득을 매달 지급하고, 기본소득의 재원은 소비세를 통해 마련하자는 것이었다. 지난 2009년 2월 17일에 막을 내린 이 온라인 청원은 최저 기준치인 5만 명을 훌쩍 넘어서는 성과를 거뒀다. 이에 따라 연방하원에서는 곧 기본소득 제도를 논의하기 위한

공식 청문회가 열릴 예정이다(BIEN, June 2009: 7).

독일에는 현재 구체적인 기본소득 모델 일곱 개와 다소 구체성이 떨어지는 기본소득 모델 세 개가 있다(Blaschke, 2008: 20~51). 여기서는 구체적 모델의 대표적인 것으로 좌파당DIE LINKE 기본소득연방연구회의 모델을 살펴볼 것이고, 괴츠 베르너의 모델도 소개할 것이다.

기본소득을 주장하는 기업가, 괴츠 베르너

100여개가 넘는 매장에 3만 명 이상의 노동자를 고용하고 있는 독일의 대형 생활용품 전문 체인업체인 데엠DM의 창업자이자 회장인 괴츠 베르너는 독일의 100대 부자 가운데 한 사람이다. 그는 상대적으로 진보적인 노사관계를 추구하는 진보적 사고의 기업가로 알려져 있다. 기본소득을 주장하는 기업가로도 유명한 그는 기본소득 도입을 목표로 한 '미래에 대한 책임Unternimm die Zukunft'이라는 단체를 만들어 활발한 활동을 벌이고 있다.

괴츠 베르너가 주장하는 기본소득 모델은 좌파적인 입장과는 다소 거리가 먼 가장 대표적인 모델로 종종 언급된다. 그의 기본 주장은 모든 사람에게 기본소득을 주는 대신 기업이 각종 사회비용에 대한 부담을 지지 않도록 하자는 것이다. 이것이 오히려 기업에 이득이 된다고 보기 때문이다. 그는 독일에서 기존의 연금, 실업연금, 사회보조금, 자녀 양육 보조금, 주택 보조금 등을 통합하여 모든 국민에게 균등하게 분배하면 일인당 매달 800유로를 지급할 수 있다고 주장한다. 여기에다 현금 지급 방식의 사회복지 제도를 기본소득으로 통합하는 과정에서 연간 약 1,000억 유로를 절약하여 이를 기본소득의 재원으로 보태면, 일인당 매달 830유로까지 지급할 수 있다고 한다. 그리하여 그는 장기적으로 일인당 매달 1,500유로를 기본소득으로 지급하자고 주장한다.

괴츠 베르너는 조세제도 개편과 관련하여 직접세를 폐지하고 모든 세금을 간접세인 부가가치세로 통일하자고 제안한다. 그렇게 하면 현재 매출액의 40% 정도를 차지하는 직접세를 줄일 수 있기 때문에 생산가격을 40% 가까이 낮출 수 있다는 것이다. 그는 이 경우 부가가치세를 부과한다 하더라도 수출 가격을 낮출 수 있기 때문에 생산도 늘리고 실업 문제도 완화할 수 있다고 내다본다(곽노완, 2007; Blaschke, 2008: 42~45).

좌파당의 기본소득연방연구회 모델

독일의 좌파당 기본소득연방연구회의 입장은 괴츠 베르너의 입장과 큰 차이를 보인다. 물론 그 입장은 좌파당 전체의 입장이 아니다. 좌파당 내부에는 아직까지 기본소득에 대한 찬반양론이 분분하다. 아무튼 기본소득을 적극적으로 주장하고 있는 기본소득연방연구회의 기본소득 모델은 이 그룹의 대표적인 인물이자 좌파당 부대표인 카트야 키핑 연방하원의원의 설명에 따르면 다음과 같다(Kipping, 2008).

○ 16세 이상의 모든 사람에게 950유로의 기본소득을 지급한다.[6] 이 액수는 빈곤 위험선에 기초한 것이다.
○ 기본소득은 액수의 삭감이 없다면 다른 모든 소득원과 합쳐질 수 있다.
○ 모든 소득원에 대한 35%의 추가 세금(기본소득세) + 사치품에 대한 세금 + 주요 에너지세로 기본소득의 재원을 마련한다. 이를 통해 부유한 3분의 1은 손해를 보지만, 나머지 3분의 2는 이득을 보게 된다.
○ 기본소득 수급 자격은 시민권이 아닌 거주권이다.

---

6) 16세 미만은 475유로를 지급한다(Bundesarbeitsgemeinschaft, 2006: 2).

기본소득연방연구회의 모델을 좀 더 상세하게 살펴보자. 개인 총소득의 6.5%는 요양보험을 포함한 건강보험료로, 5%는 노령연금으로 낸다고 가정하고[7], 소득세율은 최대 25%까지 누진적으로 적용하며 총소득 전체에 대해 기본소득세율 35%를 일괄적으로 적용한다고 할 때, 아래 〈표 2〉와 같은 순소득 규모가 산출된다. 여기서 특징적인 것은 총소득이 월 7,000유로인 경우에 현재 개인 순소득 대비 기본소득 합산 순소득의 비율이 99%라는 점이다. 이는 월 7,000유로 미만의 총소득이 있는 사람까지는 이 모델을 적용함에 따라 현재 개인 순소득보다 더 많은 순소득을 얻게 된다는 것을 보여 준다.

〈표 2〉 좌파당 기본소득연방연구회의 기본소득 모델에 따른 순소득 규모

(단위: 유로)

총소득(1)	750	1,300	2,000	3,000	5,000	7,000	10,000	15,000	30,000
소득세	0	24	97	237	650	1150	1,900	3,150	6,900
기본소득세	263	455	700	1,050	1,750	2,450	3,500	5,250	10,500
건강보험료와 요양보험료	49	85	130	195	325	455	650	975	1,950
기본소득 제외 순소득	401	671	973	1,368	2,025	2,595	3,450	4,875	9,150
기본소득 합산 순소득(2)	1,351	1,621	1,923	2,318	2,975	3,545	4,400	5,825	10,100
(1) 대비 (2)의 비율(%)	180	125	96	77	60	51	44	39	34
(3) 대비 (2)의 비율(%)	227	173	152	136	117	99	86	75	65
현재 개인 순소득(3)	595	938	1,265	1,708	2,547	3,565	5,135	7,751	15,600

출처: Bundesarbeitsgemeinschaft, 2006: 2의 표를 재구성함.

7) 고용주도 똑같이 5%의 노령연금을 내는 것을 전제로 한다(Bundesarbeitsgemeinschaft, 2006: 3).

카트야 키핑은 이에 덧붙여 기본소득의 도입이 다음과 같은 부가적인 조건들과 결합되어야 한다고 제안한다(Kipping, 2008).

- 기본소득은 최소한 시간당 8유로의 통상 최저임금과 결합되어야 한다. 기본소득은 임금의 대체물을 뜻하는 것이 아니다.
- 기본소득은 노동의 재분배를 촉진하기 위해 노동시간의 단축과 결합되어야 한다.
- 기본소득은 성 평등을 위한 보편적인 투쟁 속에 자리매김해야 한다. 적어도 사회적 재생산 노동의 50퍼센트는 남성이 수행해야 하고, 사회적 재생산 노동이 균등하게 분배되어야 한다.
- 기본소득은 현존하는 몇몇 사회수당들을 대체하지만, 사회보험은 부담의 나눔에 있어서 균등과 연대를 위하여 기본소득의 도입 이후에도 유지되어야 한다. 기본소득은 연금, 건강보험, 요양보험, 실업보험 체계와 같은 현존하는 사회보험 형태들을 대체하는 것이 아니라 현존하는 사회보험 형태들에 덧붙여지는 것이다.
- 장애인처럼 특별한 요구가 있는 사람을 위해서는 추가적인 형식의 지원이 필요하다.
- 기본소득을 위한 투쟁은 지구적인 사회적 권리로서의 기본소득을 위한 투쟁 속에 자리매김해야 한다.
- 기본소득은 억압과 강제가 아닌 자기 결정권을 증진시키는 교육체계와 결합하여야 한다.

1.5 무엇을 배울 것인가

특정 계층을 대상으로 한 조건적인 현금 보조 프로그램의 경험으로부터 조만간 보편적 기본소득 보장이 합리적이고 공정한 목표로 떠오를 것이라고 생각하는 또 다른 이유가 있다. 많은 나라들에서 실시한 설문 조사를 통해 대다수의 사람들이 모든 사람은 하나의 권리로서 기본소득을 보장받아야 한다고 믿는다는 것을 발견했기 때문이다.

－ 가이 스탠딩(Standing, 2008: 25)

이상으로 브라질, 나미비아, 알래스카, 독일의 사례를 살펴보았다. 각국의 처지와 조건이 판이하므로 평면적인 비교는 어렵지만, 다양한 측면에서 의미 있는 시사점을 주는 것만은 분명하다.

먼저 브라질의 사례는 기본소득 제도의 도입에 있어서 집권당의 역할이 얼마나 지대한 것인지를 보여 준다. 또한, 기본소득 제도의 도입이 한편으로는 급격한 전환으로 보이지만, 그 이전에 '보우싸 파밀리아' 프로그램 등의 다양한 소득 보장 제도가 성과를 거두어 온 과정이 있었기에 이의 연장선에서 비교적 순조로운 도입으로 이어질 수 있었다는 점도 주의 깊게 살펴보아야 한다. 물론 「시민기본소득법」이 2004년에 공포된 이후에도 재원 마련의 문제 때문에 상당히 오랫동안 실행되지 않는 법률로 남아 있다는 점은 짚고 넘어가야 할 것이다. 그리고 조세제도 개혁을 포함한 구체적인 재원 마련 계획이 기본소득 제도의 입법 과정에서 동반되지 않는다면, 기본소득 법제화의 의의는 실행이 지체되는 만큼 퇴색될 수밖에 없을 것이다. 또한 기본소득의 재원으로 쓰일 시민기본기금의 마련 방안이 고소득자에 대한 직접 과세가 미흡한 브라질의 조세제도 전반을 건드리고 있지 못한 점은 또 하나의 한계로 지적할 수 있을 것이다.

나미비아의 사례는 오미타라 지역에 국한하여 2년 동안 시행한 매우 제한적인 기본소득 실험 프로젝트이긴 하지만, 그 중간 평가 보고서가 보여 주는 각종 지표는 매우 긍정적인 결과들을 보여 주고 있다. 보다 총괄적인 결과는 이 실험 프로젝트의 최종 보고서가 제출되어야 알 수 있겠지만, 이제까지의 흐름만 보면 일단 성공적인 결과를 나타내고 있다는 것만은 틀림없다. 나미비아의 사례는 기본소득 실험 프로젝트가 기본소득 도입의 장점들을 해당 국민이 피부로 느낄 수 있게 해 주는 매우 유력한 수단이 될 수 있다는 것을 보여 준다. 한편, 나미비아에서는 교회와 노동조합의 전국 조직도 기본소득의 도입에 매우 적극적인데, 이는 기본소득 지지 흐름이 있는 그 밖의 다른 국가들에서는 보기 어려운 특징이라고 할 수 있다. 기본소득뿐만 아니라 어떤 제도의 도입에 있어서도 마찬가지이겠지만, 그것의 제도화 과정에서 시민사회의 적극적인 지지와 참여를 끌어내기 위한 전략을 수립하는 것이 매우 중요한 과제임을 확인할 필요가 있다.

알래스카 주에서 시행하는 영구기금 배당은 매우 특수한 사례이긴 하지만, 그러한 발상을 제도로 실행할 수 있었다는 것 자체가 굉장히 의미 있는 일이다. 물론 도입 과정에서 대부분의 정치인은 부정적이거나 회의적인 반응을 보였다. 그러나 제도가 안착되어 긍정적인 사회적, 경제적 효과들이 드러난 이후에는, 이 영구기금 배당을 허물려는 일체의 시도가 '정치적 자살 행위'로 간주되고 있다. 알래스카의 사례는 자원으로 벌어들이는 이윤이 풍부한 국가들에게는 하나의 모델이 될 수 있을 것이다.

석유로 번 돈을 국민에게 나눠 주자는 주장은 곳곳에 있다. 지난 2009년 6월 12일에 치러진 대통령 선거에 출마했던 이란의 개혁가 메디 카로비는 대선 후보 초청 텔레비전 토론회에서 마무드 아마디네자드 후보의 경제정책을 신랄하게 비판하면서, 자신이 당선되면 석유로 번 돈을 18세 이상의 모든 사람에게 분배하겠다고 공약했다(BBC NEWS, 2009). 그리고 지난 2008년 8월 리비아의 지도자 가다피도 석유로 번 돈을 5백만 명의 국민에게 직접 나눠 주겠다고 말한 적이 있다(REUTERS, 2008). 한편, 지난 2008년 몽골의 대통령 선거에서는 두 개의 주요 정당 후보들이 막대한 광물자원의 개발로 얻게 될 수익을 통해 알래스카영구기금 방식의 배당을 실시하기로 공약했고, 그 중 한 명이 대통령으로 당선되었다. 하지만 그 뒤로 몽골 의회가 아무런 후속 조치를 내놓지 않자 지난 2010년 4월 초 몽골의 수도 울란바토르에서는 급기야 대규모의 군중 시위까지 벌어졌다(USBIG NEWSLETTER, 2010).

한편, 기금의 조성과 그 운용에 따른 수익의 배당이 유가 등락과 투자 수익 변동의 직접적인 영향을 받는다는 것은 알래스카영구기금의 단점이라고 할 수 있다. 예를 들어, 영구기금의 총자산은 2008년 5월에는 400억 달러로 근래 들어 최고치를 기록했으나, 금융 위기의 여파 때문에 2009년 2월에는 267억 달러로 대폭 감소했다. 그 후 약간씩 회복세를 보이고는 있지만, 이러한 불안정한 흐름은 계속 반복될 수 있다. 그리고 2008년 10월부터는 석유 수익의 50%(종전에는 25%)를 기금으로 적립하기 시작했지만, 시장 손실과 유가 하락으로 말미암은 영향을 상쇄하기에는 역부족이었다. 따라서 2009년 배당금은 1,500달러 이하로 줄어들 것으로 예측되었고, 이 기금의 고위 관계자는 2010년에는 1,000달러 이하, 2011년에는 500달러 이하로 배당금이 떨어질 수도 있다고 경고했다(BIEN, June 2009: 12). 결국

이 예측대로 2009년 배당금은 1,305달러로 결정되었다(Permanent Fund Dividend Division, 2010). 물론 배당액의 연도별 변동 규모를 줄이기 위해 지난 5년간의 기금 운용 평균 수익에 기초하여 배당액을 산출한다는 장치가 마련되어 있기는 하다. 그렇다 해도 이는 조세를 통한 안정적인 재원 확보 및 소득 보장 방식에 비해서는 아무래도 안정성이 훨씬 떨어지는 것이다.

독일에서는 기본소득에 대한 사회적 관심이 매우 크고 논의 또한 가장 활발하다. 그러나 여기서 기업가인 괴츠 베르너의 역할이 지대했다는 점을 간과할 수 없다. 일단 그의 노력 덕택에 기본소득이 독일에서 어떻게든 사회적 의제로 떠올랐다는 점은 긍정적으로 볼 수도 있지만, 그가 오로지 경쟁과 효율의 관점에서 기본소득 모델에 접근하고 있다는 점은 좌파는 물론 많은 사람의 우려를 살 만한 것이다. 그는 부가가치세와 같은 간접세 인상이 직접세 인상보다 부의 재분배에 더 효과적이라고 주장한다. 하지만 이러한 논리가 가능하기 위해서는, '유리지갑'의 노동자와는 달리 고소득자들의 소득을 정확히 파악하고 파악된 소득에 대해 세금을 부과하는 것이 앞으로도 계속 어렵다는 전제가 필요하다.

일단 이와 관련하여 앤드루 글린의 중요한 지적 하나를 언급하고 넘어가자. 그는 복지 지출이 많은 나라가 그렇지 않은 다른 나라들에 비해 자본소득에 대한 과세가 오히려 적었다는 점을 지적한다. 그래서 지금까지 늘어난 복지 지출은 노동소득과 소비에 대한 추가적인 과세에 주로 의존했다는 것이다. 그뿐만 아니라 사회보장 기여금은 흔히 상한이 정해져 있고 간접세는 보통 역진적이어서 기존 소득세의 누진적 성격이 상쇄되기 때문에, 복지 지출이 많은 나라에서도 조세제도 전체가 누진적인 성격을 띠고 있다고 말하기는 어렵다는 것이 그의 주장이다(Glyn, [2006]2008: 246~247).

괴츠 베르너의 주장과는 달리, 좌파당의 기본소득연방연구회는 기본소득의 재원 마련 방안으로 모든 소득원을 철저히 파악하여 가산세를 부과하는 것을 중요하게 보고 있고, 기본소득이 최저임금은 물론 기본복지와도 결합하여야 한다고 주장한다. 그러나 기본소득연방연구회의 모델은 좌파당 안에서조차 아직 큰 지지를 받지 못하고 있다. 좌파당 다수파를 비롯해 좌파 정치 세력의 일부는 소득이 없거나 일정 수준 이하의 소득이 있는 성인들에게만 소득을 보전해 주는 방식으로 기존의 사회보장 제도를 보완하려는 '필요 지향의 기본보장 Bedarfsorientierte Grundsicherung'을 지지하고 있기 때문이다(곽노완, 2008: 160~162). 이 때문에 좌파당뿐만 아니라 독일의 좌파 정치 세력 내에서 '기본소득' 지지자들과 '기본보장' 지지자들 사이의 논쟁이 계속되고 있다. 기본소득연방연구회의 모델이 괴츠 베르너 모델의 한계를 뛰어넘어 독일 시민사회의 주목을 받는 모델이 되기까지는 해결해야 할 많은 과제가 남아 있는 셈이다.

제2장 기본소득, 그 뿌리를 찾아서

2.1 신자유주의와 사회적 배제 넘어서기

무책임함은 신자유주의 비전의 조직 원리이다.
— 귄터 그라스(Grass et al., 2002: 71)

자본주의는 기본적으로 '배제적 통합'에 입각한 사회라고 할 수 있다. 자본주의에서의 배제는 매우 다양한 층위에서 다양한 수준으로 나타난다. 정치 영역에서, 보통선거 제도의 도입과 국민주권의 명시로 형식적 통합이 이루어진 것처럼 보이나 실질적인 정치 참여가 보장되기 위한 사회적, 물질적 전제가 빠진 상태에서의 통합은 배제적 통합에 불과하다. 교육이나 문화 등의 시민사회 영역에서도 사정은 마찬가지다. 경제 영역에서, 이러한 배제적 통합은 더욱 극적으로 다양한 형태를 띠며 드러난다. 생산과 소비 영역 모두에서 전적으로 배제되어 구호救護에 의지할 수밖에 없는 유형에서부터 증대된 생산 결과의 전유로부터 배제되는 유형까지 존재한다.[8]

그러나 자본주의에서의 전일적인 배제, 특히 그 가운데서도 경제

---

8) 이상은 사회당의 강령(2006년 전부 개정, 2009년 일부 개정)의 기본 인식에 바탕을 둔 서술이다.

영역에서의 전적인 배제는 사회적으로 매우 심각한 문제를 일으키며 때로는 체제를 위협할 수 있는 광범위한 저항을 불러일으킬 수도 있다. 그래서 국가는 사회복지와 같은 재분배 정책이나 사회 통합을 위한 그 밖의 다른 정책을 제출하지 않을 수 없다. 그러나 이러한 수준의 통합은 사회적 위기를 예방하기 위한 최소한의 관리에 머무르는 경향이 있다. 자본주의는 본질적으로 노동시장에 있어서 상대적 과잉 인구 또는 산업예비군, 노동 빈곤층을 항상 양성하거나 늘리는 경향과 더불어 '사회적 배제'를 영속화하는 특징이 있다. 이러한 빈곤과 배제의 양산을 통해 노동자를 비롯한 대중 일반의 경쟁과 분할은 지속하거나 촉진되며 안정적인 자본의 이윤 보장과 체제 안정화가 도모되는 것이다.

실업과 빈곤, 사회적 배제의 영속화

이와 관련해서는 마르크스의 다음과 같은 언급이 대표적이다.

사회적 富, 기능하는 資本, 그 증대의 규모와 활력, 따라서 또 프롤레타리아트의 절대수와 그의 노동생산성 등이 크면 클수록, 産業豫備軍은 그만큼 더 커진다. …… 산업예비군의 상대적 크기는 富의 잠재적 힘이 증대함에 따라 증대한다. …… 자본주의적 생산과 축적의 메카니즘이 이[노동자의-인용자] 숫자를 자본의 증식욕에 적응시키고 있는 것이다. 이 적응의 첫 번째는 상대적 과잉인구 또는 산업예비군을 만들어내는 것이고, 그 마지막은 현역노동자군 중의 끊임없이 증대되는 층을 빈곤하게 만들며 그리고 구호빈민을 창출하는 것이다. (Marx, [1867]1989b: 811~812)

또한, 데이비드 쉬플러는 비록 미국의 사례를 중심으로 다루었지만, 오늘날 현대 자본주의에서 '노동 빈곤층Working Poor'의 광범위한 양산과 그들이 마주하고 있는 열악한 현실을 매우 구체적으로 생생하게 고발하고 있다(Shipler, 2005).

여기서 '사회적 배제Social Exclusion'라는 개념은 빈곤 등의 사회적 문제를 소득을 중심으로 파악하는 단선적이고 정태적인 접근 방식을 넘어서서 다양한 측면의 사회적 관계를 고려한 동태적 과정으로 바라볼 수 있게 해 준다. 논자마다 '사회적 배제' 개념을 조금씩 달리 정의하고 있기는 하지만, 대체로 다음과 같은 공통점을 발견할 수 있다. 첫째, 그 원인을 특정 개인이나 집단에서 찾는 것이 아니라 사회적 구조나 조건에서 찾는다. 둘째, 경제적 측면의 문제뿐만 아니라 사회적, 경제적, 문화적, 정치적인 측면 등의 문제를 총괄적으로 살피는 다차원적 접근을 지향한다. 이러한 정의 가운데 대표적인 것은 다음과 같다.

사회적 배제란 개인과 집단을 사회적 관계와 제도로부터 분리시키고 그들이 살아가는 사회의 평균적이고 규범적으로 정해진 활동들에 온전하게 참여하는 것을 막음으로써 점진적인 사회적 균열을 일으키는 다차원적 과정을 일컫는다. (Silver, 2007: 15)

한편, 프랑스혁명 이후 공화국 이념의 발전, 근대 국민국가의 수립과 발전은 명목상이나마 이러한 사회적 배제를 넘어 국민 통합을 추구해 왔다. 이러한 명목상의 국민 통합은 최소한의 자유권 보장과 절차적 민주주의의 수립을 통해 어느 정도 완성된 것으로 파악하는 경향이 있다. 물론 제2차 세계대전 이후 자본주의의 황금기를 거치면서 케인스주의 복지국가를 이룩했던 유럽 여러 나라는 국민에게 더욱 많은 사회적 권리를 주었고, 따라서 사회 통합의 정도도 다른 국가들에 비해 높았다. 그렇지만 1970년대 이후 신자유주의 흐름의 가속화와 세계적 규모의 경제 위기 빈발은 유럽의 복지국가는 물론이고 세계

대부분 나라에서 사회적 배제 현상을 더욱 심화시키고 있다. 이러한 현상은 일국적 수준에서는 물론이고 세계적인 차원에서도 벌어지고 있다.

다양한 색깔을 지닌 기본소득 지지자들

이러한 현실을 비판하고 대안을 모색하려는 입장은 매우 다양한데, 그 대안 가운데에 기본소득이 하나의 중요한 축으로 놓여 있다. 이를 지지하는 사람들은 자유주의, 공화주의, 생태주의, 사회주의 등을 포함하는 매우 다양한 정치적 색깔을 갖고 있다.

우선 기본소득과 공화주의의 밀접한 관계에 대한 대표적인 논의로는 데이비드 카서새스(Casassas, 2007), 안토니 도메네크(Domenech et al., 2007), 캐롤 페이트만(Pateman, 2007), 필립 페티트(Pettit, 2007), 스튜어트 화이트(White, 2007) 등이 있다. 그리고 기본소득과 생태주의를 관련짓는 대표적인 논의로는 클리브 로드(Lord, 2002), 에릭 크리스텐슨(Christensen, 2008) 등이 있다. 토니 피츠패트릭(Fitzpatrick, 1999)은 기본소득 지지자인 제임스 로버트슨, 앙드레 고르, 클라우스 오페 등 세 사람의 주요 주장을 살피면서 각각의 요소들을 묶어 내고, 이와 함께 기본소득을 생태주의의 전망 속에 적극적으로 자리매김하고 있다(pp. 176~201). 마지막으로, 사회주의와 관련된 대표적인 인물로는 기본소득을 사회주의 프로젝트의 하나로 보는 마르크스주의 사회학자인 에릭 O. 라이트(Wright, 2006)와 '보편적인 기본소득 도입'을 이행기 강령의 하나로 제안하는 영국 사회주의노동자당SWP의 알렉스 캘리니코스(Callinicos, [2003]2003: 179) 등이 있다.

자본주의에 비판적인 경제학자들뿐만 아니라 주류 경제학자들 가운데 일부도 기본소득을 적극적으로 지지하거나 기본소득에 깊은 관심을 나타내고 있다. 대표적으로 1977년에 노벨경제학상을 받은 제임스 미드는 이미 오래전 자신의 책 『노동당 정부를 위한 경제정책 개요Outline of an Economic Policy for a Labor Government』(1935)에서 기본소득과 유사한 '사회배당social dividend'의 도입을 주장했다(Birnbaum et al., 2008b). 그는 훗날 기본소득지구네트워크의 평생회원이 되었다. 그리고 1987년에 노벨경제학상을 받은 로버트 솔로우는 『공짜 점심이 무슨 잘못인가?What's Wrong with a Free Lunch?』(2001)의 서문을 통해, 반 빠레이스가 주장한 보편적 기본소득Universal Basic Income을 간략히 소개하면서 몇 가지 난점을 제시하기도 했지만 앞으로 이에 대한 충분한 연구와 토론이 이루어져 그러한 난점들이 해소되기를 희망했다(Van Parijs et al., 2001: ix~xvi). 한편, 20세기 중후반의 세계경제 전개 과정에 대해 선진 자본주의를 중심으로 비판적인 분석을 시도한 경제학자인 앤드루 글린은 다음과 같이 기본소득을 옹호했다.

부유한 나라들의 생산능력을 1세기 전에는 상상할 수 없었던 정도로 발전시킨 자본주의는 과연 일과 여타활동 사이에 새로운 균형이 이루어지게 할 기초를 놓았는가? 이런 방향으로 나아가도록 격려하는 가장 혁신적인 정책제안은 기본소득Basic Income 계획이다. (Glyn, [2006]2008: 274)

기본소득은 자본주의가 굳이 사회주의socialism 단계를 거칠 필요 없이 '능력에 따라 일하고 필요에 따라 분배받는' 코뮤니즘communism의 단계로 나아갈 수 있는 기초가 된다는 주장도 있다(Van der Veen et al., 2006). '사회주의'가 생산수단에 대한 집단 소유를 의미한다면, '코뮤니즘'은 사회 전체의 생산물에 대한 집단 소유를 의미한다고 보는 반 더 벤과 반 빠레이스는 마르크스가 『고타 강령 초안 비판』(1875)에서 '코뮤니즘'에 관해 언급한 "각자는 능력에 따라, 각자에게는 필요에 따라!"(Marx, [1875]1995: 377)라는 원칙은 "적어도 사회적 생산물이 모든 사람의 기본적 필요를 적절히 충족시키고, 각 개인의 몫은 노동 기여와는 전적으로 독립적인 방식으로 분배된다는 것을 함축하고 있다."고 설명한다(Van der Veen et al., 2006: 3). 한편, 곽노완은 기본소득 지지자들 가운데 '사회주의' 혹은 '코뮤니즘'으로의 이행과 관련하여 서로 다른 견해를 가진 사람들을 몇 가지 경향으로 분류하고 이들의 주장을 간략히 소개하고 있다(곽노완, 2009: 61~66).

아무튼, 사회적 배제를 넘어서기 위해서는 새로운 통합적 사회 질서가 모색되어야 하는데, 기본소득을 통해 그러한 가능성을 발견할 수 있다고 보는 것이 대체로 이들의 공통적인 견해이다.

기본소득, 단순한 소득 보장 논의를 뛰어넘다

한편, 사회적 배제의 극복은 그것의 속성상 총체적인 기획이 필요하다. 일단 이를 '탈脫배제 전략[9]'이라고 부르기로 하자. 사회적 배제가 단순히 빈곤 개념으로 환원될 수 없듯이, 탈배제 전략 또한 단순한 탈빈곤 전략이 아니며 이보다 더욱 포괄적이고 총체적인 성격을 지닌다. 그런데 이러한 탈배제 전략의 핵심적인 위치에 과연 기본소득 제도를 올려놓을 수 있는가의 문제가 제기될 수 있다. 기본소득 제도가 단순히 소득 보장이라는 형태로 나타난다 하더라도 이러한 제도가 실현되기 위한 전제나 조건은 매우 많은 변화를 필요로 한다. 노동 패러다임과 복지 패러다임의 근본적 전환은 물론 조세제도의 혁신

---

9) 이러한 '탈배제 전략'의 얼개는 '탈배제 강령'이라고도 불리는 사회당의 강령(2006년 전부 개정, 2009년 일부 개정)에 녹아 있다. 이 강령은 '경제사회에서의 배제 극복', '국가사회와 정치에서의 배제 극복', '시민사회에서의 배제 극복' 등을 당대의 주요 과제로 제시하고 있다.

등에 이르기까지 수많은 과제를 해결해야 한다.

최근에는 기본소득을 둘러싸고 여러 학문들 사이에서 다양한 연구가 이루어지고 있으며, 여성은 물론 사회적 약자나 그 밖의 다른 인구 집단에 미치는 사회적 효과 또한 연구되고 있다.

가장 두드러지는 것은 기본소득이 여성 혹은 성별 분업에 미치는 영향과 관련한 연구이다. 줄리에타 엘가르테와 알마즈 젤레케는 몇 가지 보완책이 마련된다면 기본소득 제도가 다른 어떤 제도보다도 성별 분업의 완화와 성 평등의 증진에 이바지할 수 있다고 보는 입장이다(Elgarte, 2006, 2008; Zelleke, 2008). 캐롤 페이트만은 최저생계비 수준 이상의 기본소득이라는 전제 조건이 충족된다면 기본소득은 분명히 여성의 자유 증진에 크게 이바지할 것이라고 본다(Pateman, 2004). 반면, 앙카 게아우스는 현재의 젠더gender 규범 자체가 변화하지 않는 한 기본소득 제도의 도입은 오히려 성 불평등을 강화시킬 수도 있다며 보다 신중한 태도를 보인다(Gheaus, 2008). 또한, 엘사 멕케이는 여성주의 경제학의 관점을 바탕으로 기본소득 제안을 상세히 검토하면서 기본소득이 성 평등을 촉진한다는 논리에 대한 이론적 정당화를 시도한다(Mckay, 2005). 2000년대 이전의 기본소득과 여성주의를 둘러싼 논쟁은 토니 피츠패트릭이 일목요연하게 정리하고 있다(Fitzpatrick, 1999: 152~175). 한편, 야마모리 도루는 이러한 이론적 접근과는 달리 역사적 접근을 통해, 특히 1970년대 영국에서 기본소득 운동을 이끌었던 '싱글 맘single mothers' 조직의 투쟁을 재발견하면서 기본소득과 여성을 밀접하게 연결시키고 있다(山森亮, 2010).

지구화와 이주의 문제 역시 근래에 중요한 관심사로 떠올랐다. 이와 관련해서는 알렉스 보소, 필립 반 빠레이스 등의 논의가 가장 대표적이다(Boso et al., 2006; Van Parijs et al., 2010). 이러한 흐름들을 살펴보면, 기본소득 제도 자체는 단순한 소득 보장 차원의 논의를 이미 뛰어넘고 있다. 그러므로 기본소득 제도가 탈빈곤을 넘어 탈배제 전략에서 핵심적인 지위를 차지할 가능성은 다른 제도에 비해 매우 크다고 할 수 있다. 거꾸로 기본소득 제도를 탈배제 전략이라는 관점 속에서 적극적으로 사고해야 할 필요성 또한 크다.

민주주의와 국민주권 실질화의 토대, 기본소득

탈배제 전략이 더욱 근본적인 차원에서 제기되는 것이라면 이보다 한 단계 낮은 심급에서, 또는 이러한 전략의 주요 구성물 가운데 하나로서 기본소득 제도를 민주주의와 국민주권의 차원에서 파악하는 것도 가능하다. 기본소득은 아래의 언급처럼 공동체의 모든 구성원에게 공통적인 사회경제적 조건을 보장함으로써 국민주권을 실질화하여 민주공화국의 기초를 수립할 수 있도록 해 주기 때문이다.

민주공화국의 기초는 비록 시장에서 탈락한 사람이라도 국가 공동체의 대등한 주권자인 한에서, 그에게 주권자의 기능을 할 수 있는 최소한의 사회경제적 조건을 보장함으로써 수립된다. 그러한 경우에만, 국민주권은 비로소 현실적 주권일 수 있고, 그 국가는 보통선거권에 기초한 '민주주의 국가'일 뿐만 아니라 모든 주권자가 최소한 '공통의 조건res publica' 위에 서 있는 '공화국republic'일 수 있다. (금민, 2007: 33)

그러나 아직 이와 관련된 논의가 충분치 않은 것이 현실이다. 기본소득의 적극적인 지지자이자 여성주의 정치학자인 캐롤 페이트만은 이러한 현실을 지적하면서, 기본소득이 민주주의 심화에 충분히 이바지할 수 있고 사회의 민주적 변화를 위한 전략에서도 결정적인 요소라는 점을 강조한다. 그녀는 기본소득이 누구에게나 주어지는 보통선거권과 마찬가지로 누구나 누릴 수 있는 민주적 권리가 되어야 하며, 충분한 기본소득을 보장하는 것은 모든 시민이 자신이 원하는 사회생활의 모든 분야에 전적으로 참여할 수 있는 길을 열어 준다고 말한다. 또한, 그녀는 보통선거권이 동등한 정치적 시민권의 상징이라면, 기본소득은 온전한 시민권의 상징이라고 본다(Pateman, 2004).

이렇듯 민주주의를 정치적 시민권의 차원으로 국한하지 않고 더욱 확장된 관점에서 파악한다면, 기본소득 그 자체를 민주적 기본권으로 이해하는 것이 가능해진다. 그뿐만 아니라 기본소득을 민주주의 실현을 위한 사회경제적 기초로 파악하는 것도 가능하다. 이는 기본소득이 사회경제적 차원의 민주주의를 발전시킨다는 것을 뜻할 뿐만 아니라, 이러한 토대의 형성이 다시 여러 차원에서 정치적 민주주의를 활성화할 수 있는 조건이 되기도 한다는 것을 뜻한다.

이와 관련하여, 선거의 참여 정도에 있어서 소득 수준에 따른 차이가 크게 나타나고 있는 미국을 잠깐 들여다보자.

> 소득이 낮을수록 투표율은 낮아진다. 2000년 대통령 선거에서는 18세 이상 전체 미국 국민의 60퍼센트가 투표에 참여했다. 가구 연소득이 7만 5천 달러 이상인 사람들의 4분의 3이 투표에 참여한 것에 비해 연소득 5만~7만 5천 달러는 69퍼센트, 연소득 1만 달러 이하의 가구는 그보다 한참 낮은 불과 38퍼센트였다. (Shipler, 2005: 287)

미국과 같이 극명한 사례는 아니지만, 한국에서도 이와 유사한 상관관계가 있다는 분석이 있다.

> 한국의 경험은 사회적 시민권의 약화가 오히려 법적·정치적 시민권마저 제약하고 있음을 보여 준다. 저소득층의 투표율이 과거와 달리 상층보다 낮아지고 있다는 사실은 이러한 현상을 반영하고 있다. (최장집 외, 2005: 267)

2002년부터 2008년까지의 선거 결과를 분석해 보니 부동산 보유 정도와 학력의 차이, 종교의 유무에 따라 투표율에 현저한 차이가 나타났다는 실증적 연구 결과도 있다(손낙구, 2010). 이러한 현상은 거꾸로 소득 수준의 개선이 정치적 민주주의를 활성화할 수 있는 하나의 조건이 될 수도 있다는 것을 보여 준다. 물론 소득 수준과 투표율 사이의 상관관계가 모든 국가와 모든 시기를 막론하고 예외 없이 직접적이고 단선적으로만 나타나는 것은 아니다. 투표율에 영향을 미치는 변수는 매우 다양하고, 어떤 한 변수의 영향력이 다른 변수의 그것을 압도하는 예도 있다.

아무튼 기본소득을 국민주권 실현이라는 관점에서, 모든 국민이 대등한 주권자로서 국가 공동체에 참여할 수 있도록 하기 위한 최소한의 사회경제적 조건으로 파악할 수 있다. 정치적 색깔의 차이를 불문하고 최소한 민주주의의 심화 발전 과정과 공화국을 기초로 한 근대 국민국가의 본질적 특성을 도외시하지 않는 관점을 가진 사람들에게 이러한 접근 방식은 매우 폭넓은 공감대를 형성할 가능성이 있다. 이때 기본소득은 구빈救貧을 위해 지급되는 사회적 자선慈善이 아니라 우리가 모두 대등한 사회 구성원 또는 국민이라는 보편적 자격에 근거하여 정당하게 요구할 수 있는 민주적 기본권으로 인식될 수 있고, 복지와 민주주의 그리고 복지와 국민주권의 통일을 사고할 때에도 그 핵심적인 연결 고리로 역할을 할 수 있다.

2.2 복지국가의 위기, 다양한 해법

> 전통적인 거시경제정책들이 효과적이지 못하다는 것이 명백하고 복지
> 국가와 큰 정부에 대한 총체적인 공격이 이뤄지고 있는 지금, 실업과
> 소득 불평등의 문제를 해결할 수 있는 대안 정책을 사고해야 한다.
> — 클라크·카바나(Clark et al., 1996: 400)

제2차 세계대전 이후 유럽 선진 자본주의국가들을 특징지었던 것은 복지국가 모델이었다. 그러나 이러한 모델은 1970년대 이후 세계경제의 침체와 함께 위기에 처했다. 공공부조와 사회보험을 기반으로 한 이러한 복지국가 모델은 몇 가지 조건을 전제로 성립된 것이라 할 수 있는데, 그러한 조건 자체가 변화했기 때문이다.

'황금시대'는 가고 위기가 도래하다

전후 '황금시대Golden Age'의 가장 큰 특징은 바로 포디즘적 축적 체제와 이를 토대로 한 전례 없는 호황이었다(Glyn, [2006]2008: 17). 당시에는 이러한 체제를 근간으로 완전고용이 추구될 수 있었으며, 탈빈곤 프로그램 또한 작동할 수 있었다. 그렇지만 이러한 포디즘적 축적 체제가 위기를 맞은 상황에서 그 바탕 위에서만 작동할 수 있었던

복지국가 모델이 위기를 맞이하게 된 것은 당연했다. 그리하여 복지국가는 차츰 잔여화되었고residualized, 시민의 보편적 권리는 수혜 요건을 갖춘 이들을 위한 것으로 바뀌었다(Crouch, [2004]2008: 37). 복지국가 이론의 권위자인 에스핑 안데르센 또한, 1980년대 이후 실업과 불평등 해소에 가까이 다가섰던 스웨덴 모델과 독일 모델조차 약화하거나 위기에 처했다고 진단하면서 "1979년 이후에는 기존의 어떤 제도적 모델도 완전고용과 균형 성장을 동시에 이룩할 수 없게 되었다."고 보았다(정이환, 2006: 61).

한편, 한국을 복지국가로 정의하려는 시도가 있기에 이에 대해 잠깐 언급하고 넘어갈 필요가 있다. 구인회(2008: 169~172)는 '국민의 정부'와 '참여정부'를 거치는 10년 기간을 한국의 복지국가 등장기로 보고 있다. 그는 이 기간의 사회정책이 경제 발전의 목적을 실현하기 위한 보조적 수단에서 사회권과 재분배 실현이라는 독자의 목표를 갖는 국가정책으로 등장했다고 강조하면서 한국이 '개발국가'에서 '복지국가'로 이행했다고 주장한다. 남찬섭(2008: 185~186)도 이러한 견해에 대체로 동의하지만, 경제협력개발기구OECD 회원국들의 국내총생산GDP 대비 공공 사회 지출을 비교해 볼 때 한국은 여전히 낮은 수준이고 이를 일인당 소득 수준이 같았던 시점의 경제협력개발기구의 다른 국가들과 비교해 보더라도 마찬가지이기 때문에 한국의 복지국가의 위상은 매우 낮다고 평가한다. 한국의 경우, 특히 소득 보장의 영역은 더욱 후진적이다. 단적인 예로, 한국 가구의 가처분소득 대비 공적 이전소득의 비율은 3.6%에 지나지 않고, 공적 이전에 따른 불평등지수의 감소 효과도 0.011에 불과하다. 이에 반해, 경제협력개발기구 회원국 평균은 각각 21.4%와 0.078이다(김교성, 2009: 38).

따라서 한국을 복지국가로 정의하기는 어렵다. 양과 질의 측면 모두에서 한국은 아직 통상적으로 이해하는 복지국가와는 거리가 너무 멀다. 국가 복지의 영역이 조금 확장되었다고 해서 복지국가가되는 것은 아니다. 더군다나 그러한 확장은 1997년 이후 신자유주의의본격화에 대한 완충 장치로 기능해 온 것이며, 그나마도 비가역적제도로 정착된 것이 아니라 이명박 정부의 등장 이후 후퇴하는 가역성을 지니고 있다는 점을 고려하면 더욱 그러하다.

대안적 소득 보장 논의의 활성화

앞에서 보았듯이, 공공부조와 사회보험 중심의 복지국가가 오늘날경제적, 사회적 한계에 다다르자 이러한 복지국가의 위기에 대응하여다양한 대안적 소득 보장 논의가 활성화되었다.

물론 복지국가의 위기 이전에도 대안적 소득 보장 논의가 없었던것은 아니다. 대표적으로는 미국의 자유주의 경제학자 로버트 테오발드가 주장한 '연간 소득Annual Income' 보장이 있는데, 이와 관련하여그는 다음과 같은 근거를 제시했다.

자동화가 계속해서 생산성을 향상시키고 노동력 대체를 가져오기 때문에소득과 노동 간의 전통적인 관계를 파괴할 필요가 있다. 기계가 더욱더많은 노동력을 대체함에 따라서 사람들은 공식 경제에서의 취업과는 별도로소득을 보장받을 필요가 있다. 그렇게 해야 사람들의 생존이 보장되고경제는 생산된 서비스의 소비에 필요한 구매력을 갖게 된다. (Rifkin, [1995]1996: 338에서 재인용)

김진구(2001)는 복지국가 위기 이후의 대안적 소득 보장 논의를로버트 해브만의 분류를 기초로 공제 소득세Credit Income Tax(CIT),부負의 소득세Negative Income Tax(NIT), 노동소득세액공제Earned Income Tax Credit(EITC), 기본소득 보장Basic Income Guarantee(BIG) 등 네 가지로

나누어 비교 소개하고 있는데, 크게 보면 두 가지 방향의 대응 방식이 나타났다고 할 수 있다. 하나는 노동과 복지를 연계하는 '노동연계복지 Workfare'의 흐름이고, 다른 하나는 이러한 연계 자체를 거부하고 비판하는 흐름이다.

'노동연계복지'라는 용어는 시민운동 지도자인 제임스 찰스 에버스가 1968년에 처음으로 사용했다. 하지만 이것이 대중적으로 널리 알려진 것은 1969년 8월 미국의 리처드 닉슨 대통령이 텔레비전 연설에서 이 용어를 사용한 다음부터였다.

'노동연계복지'의 흐름은 다시, 직접적인 노동을 강제하는 '노동력 구속 모델'과 노동 능력의 향상에 초점을 맞춘 '인적 자본 개발 모델'로 나뉘는데(이명현, 2006: 58~59), '노동소득세액공제' 제도는 노동력 구속 모델의 대표적인 예다. '노동소득세액공제' 제도는 소득에 따른 공제액을 설정하여 해당 노동자가 내야 할 세금이 공제액보다 많을 때는 공제액만큼을 차감한 금액만 내도록 하고 반대로 공제액보다 세금이 적을 때는 오히려 그 차액을 현금으로 받을 수 있게 하는 것이다. 그러나 노동을 해야 하고 까다로운 요건을 충족해야만 그 혜택을 받을 수 있다. 현재 이 제도가 가장 활발하게 시행되고 있는 곳은 미국인데, 데이비드 쉬플러는 이것의 실상과 허점을 구체적으로 생생하게 묘사하고 있다(Shipler, 2005: 13~16). 한편, 한국에서는 노무현 정부가 처음 '근로소득보전세제'라는 이름으로 이 제도의 도입을 추진했는데, 2006년 12월에 「조세특례제한법」의 일부를 개정하면서 「근로장려를 위한 조세특례」를 신설할 때 이것의 이름이 '근로장려세제'로 바뀌었다. 이 제도는 2009년부터 시행되었는데, 정부는 점진적으로 이 제도의 혜택을 받는 대상을 확대한다는 계획이다.

노동연계복지 vs. 기본소득

이와 같은 '노동연계복지'와 대척점에 서 있는 가장 대표적인 예가 바로 '기본소득Basic Income'이다. '기본소득'과 함께 이러한 예로 언급되는 것에는 '사회적 지분 급여stakeholder grants'도 있다. '기본소득'과 '사회적 지분 급여' 양자는 시민권에 근거한 제도라는 점, 조건 없음을 특징으로 한다는 점 등의 공통점이 있기는 하지만, 지급 방식이나 제도의 목적, 설계, 예상 효과 등에 있어서는 매우 다른 제도라고 할 수 있다(서정희·조광자, 2008). 브루스 액커만과 안네 알스토트 등이 '사회적 지분 급여'의 대표적인 주장자이다(Ackerman et al., 1999, 2004). '기본소득'과 '사회적 지분 급여' 양자를 비교할 때, 필립 반 빠레이스는 '기본소득'의 우위를 주장하고 있고(Van Parijs, 2006), 브루스 액커만 등은 '사회적 지분 급여'의 우위를 주장하고 있다(Ackerman et al., 2006). 한편, 에릭 O. 라이트는 양자 사이의 상대적 차이를 계급 관계에 미치는 영향력의 측면에서 분석하는 가운데 '기본소득'이 계급 관계의 변화에 더욱 큰 영향을 끼칠 수 있다고 본다(Wright, 2004).

'노동연계복지'는 복지와 노동을 연계하는 것으로서, 일정 수준의 복지를 제공하면서 동시에 노동시장의 규율을 강화하는 시도라고 할 수 있다. 이러한 시도에는 한편으로는 차상위계층[10] 등을 새롭게 포괄하면서 기존의 복지 영역을 확대하는 측면이 있지만, 다른 한편으로는 전통적인 복지의 의미를 퇴색시키는 측면도 있다. 지금까지의 복지에서는 필요가 인정되면 급여를 지급하거나 자산 조사 등을 통해 그 대상을 선별하는 경우는 많았지만, 그 밖에 별도의 결정적인 조건을 부과하여 이를 수급권과 강하게 연계하지는 않았기 때문이다.

---

10) 통상적으로 차상위계층이란, 「국민기초생활 보장법」에 따른 수급권자가 아니면서 소득인정액이 최저생계비의 120% 이하인 가구를 말한다.

'노동연계복지'는 노동시장 유연화와 쌍을 이루어 추진되고 있는 경우가 많다. 고용을 늘리기 위해서는 노동 유인을 높이는 것과 함께 노동시장 유연성이 더욱 증가해야 한다고 주장하는 목소리가 크기 때문이다. 하지만 단순히 노동시장의 경직성에서 실업의 원인을 찾는 다면, 1970년대 초반까지 유럽의 실업률이 미국보다 낮았다는 점을 설명하기 어려울 뿐만 아니라 1970년대 이후 유럽의 노동시장 유연성이 점차 증가하였음에도 실업률이 지속적으로 증가했다는 사실 또한 설명할 수 없다(정이환, 2006: 63).

반면, 기본소득은 노동과 소득, 노동과 복지를 연계시키는 이러한 사고와 정반대 편에 있는 개념이다. 기존의 노동연계복지가 실패했다는 것은 기본소득을 지지하는 근거가 된다. 미국과 유럽에서의 경험적 연구들에 따르면 노동연계복지는 사회적으로 배제된 사람들 가운데 소수 사람만 구제해 줄 뿐 행정적 실패와 관료주의 강화를 낳는 등 많은 한계점을 보여 주고 있기 때문이다(Handler et al., 2006).[11]

노동 패러다임과 복지 패러다임의 획기적 전환

나아가 기본소득은 기존의 지배적인 노동 패러다임과 복지 패러다임을 전환하는 것을 전제로 한다는 점에서 획기적이다. 기본소득의 실현을 위해서는 기존의 '임금노동형 완전고용' 패러다임을 '사회적 필요노동'[12] 패러다임으로 전환하는 것은 물론 기존의 '선별적, 시혜적

---

11) 핸들러와 봅코크는 여기서 '노동연계복지Workfare'를 '적극적 노동시장 정책Active Labor Market Policies' 혹은 '노동시장 활성화Activation'와 같은 개념으로 사용한다(Handler et al., 2006).

12) 여기서 '사회적 필요노동'은 마르크스가 상품의 가치를 논할 때 언급한 "사회적으로 필요한 노동량"이라든가 "사회적으로 필요한 노동시간"을 논할 때 언급한 "사회적으로 필요한 노동"과는 무관한 것이다. 마르크스는 "사회

복지' 패러다임을 '보편적 복지' 패러다임으로 전환하는 것이 필요하기 때문이다.

여기서 '임금노동형 완전고용 패러다임'이라 함은 노동 일반을 임금노동으로 전제하고 완전고용을 목표로 하는 고용 중심의 패러다임을 일컫는 것이고, '사회적 필요노동 패러다임'은 이와는 달리 노동을 임금노동으로 전제하지 않고 더욱 폭넓은 개념으로 다시 정의하며, 고용을 중심에 놓는 것이 아니라 사회적 필요를 중심에 놓는 노동 패러다임을 일컫는다. 이렇게 사회적 필요를 중심에 놓는다면 노동의 질적 성격을 문제 삼는 것이 가능하고, 다양한 사회적 가치들이 노동 사회의 재구성에 개입할 수 있는 여지 또한 생길 수 있다.

'선별적, 시혜적 복지 패러다임'은 자본주의국가 일반의 국가 복지 영역에서 대표적으로 나타나는 것으로, 각종 심사와 조건을 동반한 공공부조의 경우가 그 대표적인 예다. '보편적 복지 패러다임'은 이와 달리 국민 또는 시민과 같이 모두가 대등한 사회 구성원이라는 보편적 자격에 근거하여 기본적인 복지를 제공하는 것이다. 이는 유럽의 복지

적으로 필요한"의 의미를 다음과 같은 맥락에서 사용했다. "일정한 상품의 생산에 平均的으로 필요한 [즉 社會的으로 필요한] …… 사회적으로 필요한 勞動時間이란 주어진 사회의 정상적인 生産條件과 그 사회에서 지배적인 평균적 노동숙련도와 노동강도 하에서 어떤 使用價値를 생산하는 데 소요되는 노동시간이다. …… 어떤 물건의 가치량을 결정하는 것은 오직 사회적으로 필요한 노동량, 즉 그것의 생산에 사회적으로 필요한 노동시간이다."(Marx, [1867]1989a: 48~49.) 이 책에서는 '필요노동' 개념이 중심인데, 이는 기존의 '임금노동'을 넘어서는 새로운 노동 패러다임을 좀 더 적극적으로 정의하기 위한 목적으로 쓰인 것이다. 그리고 사회적 필요노동에서의 '사회적 필요'는 물론 마르크스가 언급한 것처럼 "상품의 생산에 平均的으로 필요"하다는 의미가 아니라 '한 사회를 유지하고 발전시키기 위해 필요'로 한다는 의미로 쓴 것이다. 한편, 새로운 노동 패러다임에 대해서는 이 책의 제 2장 제5절 '노동의 종말인가, 노동의 변화인가'에서 좀 더 자세히 다루고 있다.

국가들에서 아동수당, 학생수당, 노령연금 등과 같은 '사회수당Social Allowance'의 형태로 부분적으로 나타나고 있다. 이러한 사회수당은 여러 소득 보장 제도 가운데 기여금이 없을 뿐만 아니라 소득이나 자산에 대한 조사도 없는 제도 일반을 일컫는다. 기본소득과 가장 큰 차이점은 사회수당이 아동, 노인, 장애인 등과 같은 특정한 인구 집단에게만 제한적으로 적용된다는 점이다.

이러한 일반적 정의와는 달리 사회수당을 매우 포괄적으로 정의하려는 시도도 있다(노대명 외, 2009: 181~182). 이에 따르면, 기본소득과 데모그란트Demogrants[13], 그리고 관대한 자산 조사를 통해 준準보편적 성격을 지닌 범주적 공공부조까지 사회수당 제도의 한 형태로 규정된다. 그러나 이러한 정의가 아니라 위에서 언급한 사회수당의 일반적 정의에 따르면, 이 가운데 연령이나 성별과 같이 순수하게 인구학적인 기준에만 근거하고 있는 데모그란트가 사회수당과 가장 가까운 개념이다.

유럽의 복지국가들 대부분은 사회수당 제도를 운영하고 있는데, 전 세계적으로는 약 80여개 국가가 사회수당 제도 또는 그와 유사한 복지 제도를 운영하고 있다(노대명 외, 2009: 36). 반면, 한국에는 2010년 현재 사회수당 제도가 전혀 없다.

기본소득, 만병통치약 아닌 대안 사회의 필요조건

기본소득과 같이 모든 국민에게 아무런 조건 없이 기본적인 생활을 영위할 수 있는 소득을 보장하는 것은 단순히 돈을 나눠 준다는 것 이상의 의미를 지닌다. 정치 공동체가 그 구성원 모두에게 최소한의

---

13) 데모그란트Demogrants는 'demographic(인구학의)'과 'grants(보조금)'를 합성한 용어다. 이 책의 2장 3절에는 이것의 역사에 대한 간략한 서술이 있다.

인간다운 삶을 영위할 수 있는 바탕을 마련해 준다는 것은 어떠한 상황에서도 침해할 수 없는 기본적인 권리를 적극적으로 보장한다는 것을 의미한다. 그뿐만 아니라 기본소득은 사각지대가 여전히 존재하는 기존의 복지국가 모델을 뛰어넘을 수 있는 보편적 복지 패러다임의 핵심적인 실현 수단으로 주목되고 있다.

그리고 기본소득은 현재의 경제 위기에 대한 하나의 유력한 사회경제 대안으로도 주목되고 있다. 경제 위기 극복을 위해서는 최소한 임금과 임금 부대 비용을 끊임없이 삭감하는 공급 중심 경제학으로부터 수요 중심 경제학으로의 전환이 필요한데, 이때 저소득층의 구매력을 높이고 내수를 창출하는 것이 우선으로 필요하다. 기본소득의 도입은 바로 이러한 수요를 창출할 수 있으며, 수요는 공급을 만들고 고용도 창출하는 효과를 불러온다. 이렇듯 기본소득은 고용 창출의 측면에서도 기존의 노동시장과 그 외부에서 새로운 다양한 가능성을 열어 줄 수 있다.

결론적으로, 기본소득은 최소한 실업으로 끼니를 걱정하는 사람을 없애고, 모자란 생활비를 조금이라도 더 벌려고 잔업에 목매는 사람도 없앨 수 있다. 그리고 기본소득은 노동시간 단축을 통해서 일자리를 나누고, 늘어나는 소비를 충족시키기 위한 일자리도 새롭게 만들며, 다양한 형태의 사회적으로 필요한 일자리까지 늘릴 수 있는 가능성을 열어 준다. 기본소득은 또한 임금노동 중심의 사회로부터 일정하게 혹은 부분적으로 탈피할 수 있는 가능성을 열어 주기도 한다. 기본소득은 물론 모든 문제를 해결하는 만능열쇠가 아니다. 하지만 현재까지 다른 정책과 제도들이 보여 주지 못했던 분명한 효과를 보여 줄 수 있다면, 기본소득이 대안 사회를 위한 가능성을 열어 주는 것만은 분명하다. 기본소득은 대안 사회를 위한 충분조건은 아니지만 필요조건 가운데 하나가 될 수 있을 것이다.

2.3 기본소득 개념, 이렇게 나왔다

우리가 관심을 기울여야 할 실질적 자유는 그저 다양한 상품 꾸러미
가운데에서 소비를 원하는 상품을 선택하기 위한 것이 아니라, 다양한
삶들 가운데에서 자신이 누리고자 하는 삶을 선택하기 위한 것이다.
— 필립 반 빠레이스(Van Parijs, 1995: 33)

현대적인 기본소득 개념의 역사는 20세기 후반부터 시작되었다고
볼 수 있다. 그러나 이러한 아이디어의 기원을 사후적으로 추적하면
16세기까지 거슬러 올라간다.

먼저 최소 소득에 관한 아이디어는 16세기 초에 최초로 등장했다.
비베스가 기본소득 아이디어의 기원 가운데 하나인 최소 소득 보장에
관한 구상을 최초로 구체화했는데, 그의 주장은 빈민에게 사후적으로
노동과 연계하는 방식으로 최소 소득을 보장해 주자는 것이었다.

다음으로, 조건 없는 일회적 급여에 대한 아이디어는 18세기 말에
최초로 등장했다. 토머스 페인은 사회보험과 공공부조를 뛰어넘는
급여에 대한 아이디어를 최초로 발전시켰는데, 그는 공공재인 토지에
서 얻어지는 수입인 지대로 모두에게 일정한 금액을 지급하자고 제안했
다.

마지막으로 19세기 중엽에 이 두 기원이 결합함으로써 조건 없는

기본소득에 관한 아이디어가 최초로 형성되었다. 조셉 샤를리에가 『사회문제의 해법 혹은 인도적 헌법Solution du problème social ou constitution humanitaire』(1848)이라는 책에서 진정한 기본소득에 대해 최초로 정식화한 것이다. 그는 샤를 푸리에가 옹호한 자산 심사와의 연계, 빅토르 콩시드랑이 옹호한 유급 노동과의 연계를 모두 거부했으며, 토지 자산에 대해 모두가 동등한 권리가 있다고 보고 이를 일정 소득에 대한 조건 없는 권리의 기초로 보았다(Birnbaum et al., 2008a).

20세기, 세 줄기의 논의 흐름

20세기로 접어들어서는 기본소득과 관련한 논의는 크게 세 줄기가 있었다.

우선 양차 대전 사이에 영국에서 '사회배당Social Dividend', '국가보너스State Bonus', '국민배당National Dividend' 등의 논의들이 있었다.

'사회배당'이라는 표현은 영국의 경제학자 조지 콜이 처음으로 사용했다. 그는 또한 J. S. 밀에게 바친 자신의 책 『사회주의 사상사 History of Socialist Thought』(1953)에서 처음으로 기본소득의 영어 표현인 'Basic Income'을 사용했다. 이 표현은 1980년대에 이와 관련된 국제적인 토론이 활발하게 벌어지기 시작하면서 빠르게 확산하여 오늘날처럼 널리 쓰이게 되었다(Birnbaum et al., 2008b).

'국가보너스'는 영국의 데니스 밀너가 부인인 마벨과 함께 공동으로 『국가보너스를 위한 계획Scheme for a State Bonus』(1918)이라는 제목의 소책자를 발간하고, 이어서 '국가보너스'에 대한 구상을 보다 정교하게 다듬은 『국민생산에 대한 보너스로 더 많은 생산을Higher Production by a Bonus on National Output』이라는 책을 발간함으로써 널리 알려지게 되었다(Birnbaum et al., 2008b).

'국민배당'은 영국의 클리포드 더글러스가 제1차 세계대전 이후 영국 산업의 생산은 매우 활발해졌으나 대중의 구매력이 매우 느리게 증가하고 있다는 사실에 주목하면서, 이를 해결하려는 방법으로 모든 가구에 매달 지급하자고 제안했던 것이다(Birnbaum et al., 2008b). 세키 히로노는 이러한 더글러스의 '국민배당' 제안을 그가 전개했던 사회신용운동Social Credit Movement의 맥락에서 소개하고 있으며, 나아가 더글러스가 자본주의의 원리적 분석에 기초하여 '기본소득'을 역사상 처음으로 제창했다는 주장을 펴기도 한다(関曠野, [2009]2009: 151).

다음으로, 1960년대와 1970년대 미국에서는 앞서 말한 '데모그란트'와 '부負의 소득세Negative Income Tax'를 둘러싼 논의가 있었다.

'데모그란트'는 미국의 죠셉 페츠만이 오늘날의 조건 없는 기본소득과 가까운 구상을 당시에 그렇게 부르자고 제안했던 것이고, 제임스 토빈이 보다 구체적인 '데모그란트' 제안을 내놓은 바가 있다. 한편, 이 '데모그란트' 제도는 토빈의 제안으로 1972년 미국 민주당 조지 맥거번 후보의 대통령 선거 강령에 포함되기도 했는데, 얼마 뒤에는 결국 빠져 버리고 말았다(Birnbaum et al., 2008b).

'부의 소득세' 제도는 개인의 소득이 일정 수준 이하가 되면 그 부족분을 일정한 세율로 계산된 조세 환급을 통해 지급하는 것이다. 이 제도 아래에서는 면세점 이상의 소득자에 대해서는 정상적으로 소득세를 과세하지만, 면세점 이하의 소득자에 대해서는 마이너스 세율을 적용하여 계산한 금액을 정부에서 지원한다. 이 개념은 프랑스의 경제학자 오귀스땡 꾸르노가 1838년에 쓴 책 『부의 이론에 관한 수리 연구Recherches sur les principes mathématiques de la théorie des richesses』에서 처음으로 등장한다. 극단적인 자유주의자인 밀턴 프리드만은 1962년에 이를 "순수하게 기술적인 근거로 추천할 만한 제도"로 소개하면서, "지금 시행하고 있는 다른 여러 특수한 복지수단을 대체할 수 있"을 뿐만 아니라 "현재의 온갖 잡다한 수단들을 이 제도로 대체하면, 운영상의 총체적인 부담이 확실히 감소"할 것이라고 주장한 바 있다(Friedman, [1962]2007: 298~301).

마지막으로, 1970년대와 1980년대를 거치면서 북서유럽에서 기본소득 논의가 활발하게 이루어졌다.

조건 없는 기본소득에 관해 유럽에서 새로운 논쟁이 시작된 것은 1970년대 후반 네덜란드에서였다. 암스테르담자유대학 사회의학과 교수인 퀴퍼는 임금노동의 비인간적 본성에 대처하는 방법의 하나로 고용과 소득의 고리를 끊기 위해 모두에게 상당한 수준의 소득이 보장되는 것이 필요하다고 주장했다(Birnbaum et al., 2008b). 또한, 이 시기에는 정당과 노동조합 가운데에서도 적극적인 기본소득 지지 흐름이 생겨났다. 영국에서는 1980년대 중반에 기본소득연구그룹 ·
Basic Income Research Group[14]이 탄생해 지금까지 활동하고 있고, 독일에서는 이 시기에 녹색 그룹들이 관련된 논의를 시작했으나 독일 통일 과정 이후로 오랫동안 잠잠해졌다가 2000년대에 들어와 다시 활발한 논의가 이루어졌다. 프랑스에서는 논쟁이 그다지 활발하지는 않았으나 영향력 있는 사회학자이자 철학자인 앙드레 고르가 기본소득을 지지한 것은 주목할 만한 일이었다. 앙드레 고르는 『프롤레타리아여 안녕 Adieux au proletariat』(1980)이라는 책의 「파괴적 성장과 생산적 탈성장」이라는 제목의 장에서 "2만 시간의 사회적으로 유용한 노동"이라는 조건을 단 "평생 사회수당"이라는 개념을 제안했다. 이는 오늘날 순수한 형태의 '조건 없는 기본소득' 구상에 가깝다기보다는 잠시 후에 설명할 '참여소득Participation Income' 구상에 가깝다고 할 수 있다. 그러나 이후에 그는 여러 책을 통해 "노동 자체와 상관없는 충분한 수입",

---

14) 1998년에 시민소득트러스트Citizen's Income Trust로 명칭이 바뀌었고, 이는 현재 기본소득지구네트워크의 가맹 조직으로 활동하고 있다.

"노동시간과 노동 자체를 분리한 생계 수당 요구" 등을 주장하며, 일체의 조건을 요구하지 않는 기본소득을 지지하는 태도로 기울었다. 그리고 그는 기본소득지구네트워크의 평생회원이 되었다.

1986년 벨기에 루뱅에서 만나다

1983년 가을 벨기에 루뱅가톨릭대학의 세 명의 젊은 연구자들인 필립 반 빠레이스, 폴-마리 볼랑제, 필립 드페잇은 몇 달 전에 함께 읽은 한 논문에서 '보편수당allocation universelle'이라는 이름으로 제안된 매우 단순하고 매력적인 아이디어를 본격적으로 탐구하기 위한 그룹을 발족하기로 의기투합했다. 그리고 1984년 3월에 조건 없는 기본소득 구상이 담긴 책을 '샤를 푸리에 그룹Collectif Charles Fourier'의 이름으로 출판했다. 이들은 1985년 4월에 브뤼셀에서 나온 월간 『신평론La Revue nouvelle』 특별호에도 자신들의 주요 연구 성과물을 발표했다.

이 '샤를 푸리에 그룹'은 앞서 살펴본 유럽 각국에서의 기본소득과 관련된 독립적인 논쟁들을 수렴하고 각국의 기본소득 지지자들을

1986년 9월 벨기에에서 열린 기본소득유럽네트워크 창립 회의 당시 모습. 단상 좌에서 우로 리카도 페트렐라, 그리쩨 루비, 안네 밀러, 닉 도우벤, 필립 반 빠레이스, 클라우스 오페, 빌 조단 등의 모습이 보인다.　　　　　　　출처: BIEN 웹사이트(http://www.basicincome.org)

연결할 수 있는 맹아가 되었다. 그리고 이 그룹의 선구적인 노력에 힘입어 1986년 9월 벨기에 루뱅에서 유럽 여러 나라의 기본소득 지지자들이 처음으로 모여 역사적인 회의를 개최할 수 있었다. 기본소득유럽네트워크Basic Income European Network가 결성된 것이다. 이후 2년마다 한 번씩 국제대회 및 총회를 개최함으로써 기본소득 논의의 지구적 확산을 도모하던 기본소득유럽네트워크는 2004년 바르셀로나에서 열린 제10차 대회의 총회에서 기본소득지구네트워크Basic Income Earth Network(약칭 BIEN)로의 전환을 결정했다. 이는 기본소득에 대한 관심과 지지가 유럽 이외의 나라들에서도 확산하는 추세를 반영한 것이었다.

이 모든 과정에서 루뱅가톨릭대학의 필립 반 빠레이스 교수는 핵심적인 역할을 담당했다. 오늘날 원형이 되는 기본소득 개념을 발전시킨 인물이기도 한 그는 2010년 현재 기본소득지구네트워크의 국제자문위원회 의장을 맡고 있다. 그는 기본소득의 특징을 다음과 같이 설명하고 있다(Van Parijs, 2004).

○ 현물보다는 현금으로 지급하는 소득
○ 일회적 급여가 아닌 정기적으로 지급하는 소득
○ 국가만이 아니라 다양한 정치 공동체 단위로도 지급할 수 있는 소득
○ 세금을 통한 재분배나 자원 분배를 재원으로 하는 소득
○ 정치 공동체의 모든 구성원에게 지급하는 소득
○ 개인을 단위로 모두에게 균등하게 지급하는 소득
○ 자산 심사 없이 지급하는 소득
○ 노동 여부나 노동 의사를 묻지 않고 지급하는 소득

여기서 반 빠레이스가 기본소득을 '현물보다는 현금으로 지급하는 소득'으로 정의한 것은 기본소득이 오직 현금의 형태로만 지급된다는

것을 말하기 위한 것이 아니다. 그는 여기서 기존 복지 영역에서의
현물 이전소득이 있다는 것을 전제하고, 기본소득은 이를 대체하는
것이 아니라 보충할 목적으로 어떤 현물보다 다양한 유용성을 지닌
현금의 형태로 지급하는 것임을 명확히 한 것이다. 그는 다른 곳에서
이 점에 관해 보다 상세하게 논의하고 있는데, 그는 실질적 자유를
달성하기 위해서는 기본소득을 현금 형태로 지급하는 것과 함께 기본소
득의 상당 부분을 현물 형태로 지급하는 것도 필요하다고 본다(Van
Parijs, 1995: 41~45).

덧붙이자면, 통상적으로 소득을 현금소득income in cash과 현물소득
income in kind으로 나누듯이, 기본소득 또한 현금기본소득과 현물기본
소득으로 구분하는 것이 가능하다. 대다수의 기본소득 논의가 현금기
본소득 지급에 관한 것이긴 하지만, 보통 이러한 논의는 교육이나
의료 영역 등 기본복지 영역에서의 현물기본소득 지급을 전제한 상태에
서 이루어지고 있다는 점을 상기할 필요가 있다.

마지막으로, 오늘날 가장 폭넓게 합의된 기본소득의 개념은 기본소
득지구네트워크 웹사이트(http://basicincome.org)에서 볼 수 있는 다음과
같은 하나의 문장으로 요약할 수 있다.

기본소득은 자산 심사나 노동 요구 없이 모든 개인에게 조건 없이 지급하는
소득이다.

이렇듯이 기본소득은 사회 구성원 모두에게 단지 사회 구성원이라
는 자격에만 근거하여 지급하는 소득이다. 보통 여기서 사회 구성원
자격은 시민권을 지니고 있는지 혹은 이보다 포괄적인 의미에서 거주를
인정받았는지의 여부로 판단한다. 예를 들어, 브라질의 「시민기본소
득법」은 브라질 시민권을 지닌 사람들뿐만 아니라 브라질에서 5년

이상 거주한 모든 사람을 그 대상으로 하고 있고, 미국 알래스카 주의 영구기금 배당의 경우에는 알래스카에서 1년 이상 거주한 모든 사람을 그 대상으로 하고 있다. 기본소득 지지자들의 상당수는 원칙적으로 이주민들에게도 기본소득이 보장되어야 한다고 주장한다(Boso et al., 2006).

기본소득, 기본소득의 변형, 기본소득이 아닌 것

또한 기본소득은 자산 심사나 노동 요구와 같은 어떠한 조건도 부과하지 않고 지급한다는 것이 가장 큰 특징이다. 그런데 이 같은 기본소득 개념에 조금씩 변형을 가하여 다양한 형태의 최소 소득 보장 제도를 주장하는 논자들도 있다. 예를 들어, 사회 활동에 대한 최소한의 참여 의무를 부과하는 '참여소득Participation Income' 제안이 있는데, 대표적으로 앳킨슨(Atkinson, 1996)이 이를 주장하고 있다. 하지

〈그림 4〉 최소 소득 보장 제도들

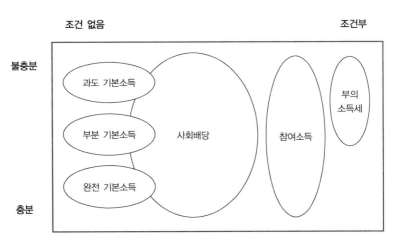

출처: Fitzpatrick, 1999: 36.

만 이러한 변형을 포함하여 앞서 소개한 '부負의 소득세'나 조건이 부가된 각종 최소 소득 보장 제도들[15]은 엄밀히 말해 앞서 정의한 기본소득 개념과 근본적인 차이가 있기 때문에 불필요한 혼동을 피하기 위해서는 이들을 기본소득의 범주와 명백히 구분해서 보는 것이 바람직 하다(Fitzpatrick, 1999: 94~96; Raventós, 2007: 10~12).

한편, 이러한 기본소득의 개념을 충실히 따른다고 하더라도 소득 보장의 수준과 목표 설정에 따라 '완전 기본소득Full Basic Income', '부분 기본소득Partial Basic Income', '과도 기본소득Transitional Basic Income' 등으로 기본소득을 분류하는 것은 가능하다(Fitzpatrick, 1999: 35~38; 박홍규, 2008: 135).[16]

---

15) 스페인의 최소 수당 제도Rentas Minimas de Inserción(RMI)나 프랑스의 최소 수당 제도Revenu minimum d'insertion(RMI)도 대표적인 최소 소득 보장 제도 들에 속한다.

16) 이러한 분류 방식을 처음 채택한 것은 토니 피츠패트릭(Fitzpatrick, 1999)이 었다. 한편, 이명현은 피츠패트릭의 분류 방식을 따르면서도 '참여소득'이나 '부의 소득세' 또한 넓은 의미에서 기본소득의 범주에 포함할 수 있다고 본다(이명현, 2007: 150~152). 이 책에서는 이러한 견해와 거리를 두어 이 들을 기본소득의 범주와 구분하고 있다.

〈표 3〉 기본소득과 다른 제도들과의 비교

		자산 심사가 있는가?	
		예	아니오
노동 기여와 결부되는가?	예	○ 실업수당 혹은 다른 복지 급여 ○ 최소 소득 지원 ○ 적극적 고용정책 ○ 저소득 노동자에 대한 세액공제와 다른 세제 혜택 ○ 노동연계복지	○ 기여 연금 ○ 기여 실업수당 ○ 노동자를 위한 보편적 세액공제 ○ 임금노동자를 위한 노동일 단축 ○ 임금 보전 수당* ○ 참여소득
	아니오	○ 무기여 연금** ○ 부負의 소득세 ○ 최소 보장 소득 ○ 세금 공제 혹은 경감	○ 기본소득 ○ 사회적 지분 급여

* 임금 보전 수당second cheque은 임금노동자의 노동일 단축과 관련한 대책 가운데 하나로 특히 1990년대에 프랑스의 몇몇 단체들이 주목했던 방안이다. 이러한 제도의 제안자들 가운데 가장 널리 알려진 사람은 프랑스의 경제학자이자 생태학자인 기 아즈나르이고, 앙드레 고르도 이 제안을 언급한 적이 있다. 이 제안에는 여러 변형들이 있는데, 대표적인 공통의 특징들을 뽑아내면 다음과 같다(Raventós, 2007: 140~142). ○ 임금노동자가 아닌 사람에게는 지급되지 않는다. ○ 전일제 노동자에게만 지급되는 것은 아니다. ○ 기업이 직접적으로 재정을 부담하지 않는다. ○ 급여에 비례한다.
** 보험료 등의 기여금을 내지 않고도 받을 수 있는 연금

출처: Raventós, 2007: 152.

2.4 기본소득, 이런 비판도 있다

> 자본주의 체제의 부조리를 종식시키지 못할 것이라는 이유로
> 기본소득을 비판하는 것은 유아 사망을 종식시키지 못한다는
> 이유로 말라리아 백신을 비웃는 것과 다소 유사하다.
> — 다니엘 라벤토스(Raventós, 2007: 190)

다음으로는 기본소득에 대한 다양한 비판의 논리를 살펴보기로
하자. 기본소득 개념이 발전해 오는 동안 이에 대한 비판의 논리
또한 매우 다양하게 제기되어 왔다. 이러한 비판은 보수 진영한테서
나온 것만은 아니다. 진보 진영 내에서도 다양한 입장의 차이가 발견되
었고, 때로는 날카로운 비판이 가해졌다. 정치적 입장의 차이가 큼에도
기본소득에 대한 비판의 논리를 공유하는 예도 있다. 또한, 현재의
노동 패러다임과 복지 패러다임을 획기적으로 바꾸어야 한다는 것에는
동의하지만, 그 구체적 방법과 달성 수단 등에 대한 의견 차이 때문에
기본소득을 비판하는 흐름도 있다. 아무튼, 매우 다양한 층위에서
매우 다양한 비판의 논리가 존재하며, 각각이 서로 연동하는 경우가
많다. 그래서 이를 일목요연하게 구분하기가 그리 쉬운 일은 아니다.

윤리적 비판과 기술적 비판

그래도 기본소득에 대한 비판을 큰 범주에서 윤리적 비판과 기술적 비판으로 나누는 것은 가능하다. 스페인 기본소득네트워크의 대표이자 바르셀로나대학 교수인 다니엘 라벤토스는 이러한 비판을 아래와 같이 열한 가지로 분류하면서 다시 그에 대해 비판을 제기하고 있는데, 그는 1번에서 7번까지를 윤리적으로 바람직하지 않다는 비판, 8번에서 11번까지를 윤리적으로는 바람직하다 할지라도 기술적으로는 가능하지 않다는 비판의 범주로 묶고 있다(Raventós, 2007: 177~198).

1. 기본소득은 기생寄生을 부추긴다.
2. 기본소득은 성별 분업을 종식하지 못할 것이다.
3. 기본소득이 있으면 몇몇 힘든 일자리는 모든 사람이 거부할 것이기 때문에 빈국 출신의 낮은 임금을 받는 이주노동자들이 그 빈자리를 모두 채울 것이다.
4. 기본소득은 노동인구의 이중화를 더욱 강화시킬 것이다.
5. 기본소득은 유럽 국가들이나 미국과 같이 부유한 나라들에서만 적용할 수 있는 아이디어다.
6. 기본소득은 노동 윤리를 파괴할 것이다.
7. 기본소득은 자본주의 체제에 의해 야기된 부당함을 종식하는 수단으로서는 부적합하다.
8. 기본소득은 감당할 수 없는 재정 문제를 발생시킨다.
9. 기본소득은 빈국에서 부국으로의 이주를 촉진하는 가장 큰 요인이 될 것이다.
10. 기본소득은 만일 그 지급액이 매우 적으면 기대한 큰 효과들을 가져올 수 없을 것이다.
11. 기본소득은 예측할 수 없는 상황을 발생시킬 것이다.

위에서 열거한 비판 논리를 여기서 일일이 다루지는 못한다. 이 중 상당수에 대해서는 이미 기본소득 지지자들이 충분한 반박 근거들을 제시해 왔다. 가이 스탠딩도 기본소득에 대한 아홉 가지의 주요 비판 논리를 열거한 다음 이들 각각을 일목요연하게 반박하고 있다(Standing, 2006b: 7~10). 한편, 사회주의, 여성주의, 생태적 가치 등과 양립하는 기본소득을 적극적으로 지지하는 토니 피츠패트릭은 기본소득에 대한 찬성과 반대의 논리뿐만 아니라 강점과 약점을 둘러싼 논쟁까지 잘 요약하고 있다(Fitzpatrick, 1999: 48~71).

이러한 비판 논리와 쟁점 가운데에는 가치 판단의 영역에 속하거나 선험적으로 예단하기 어려운 문제도 있고 서로 상반된 주장과 근거들이 경합을 벌이는 것도 있다. 가장 대표적인 것은 노동 윤리와 관련된 것이다. 여기서는 먼저 진보 진영 내에서 진지하게 논쟁이 되는 부분을 살펴보고자 한다.

가장 대표적인 예는 독일에서 '기본보장Grundsicherung'을 지지하는 사람들이 제기하는 기본소득 비판과 한국에서 '사회임금' 확대를 주장하는 사람들이 제기하는 기본소득 비판이다. 이는 기본소득에 대한 조건 없는 반대나 비판과 달리 기본소득과 경합을 벌일 수 있는 대안의 형태를 제기하는 가운데 비판하고 있다는 점에서 언급할 만한 가치가 있다.

기본보장 또는 사회임금 vs. 기본소득

먼저 기본보장의 입장을 보자. 독일의 좌파당 다수파, 사회민주당 좌파, 녹색당, 노동조합 등에 많은 지지자가 있는 기본보장 주장의 핵심은 일정한 심사를 통해 소득이 낮은 (개인이 아닌) 가구의 소득을 보전해 준다는 것이다. 이러한 기본보장은 임금노동을 전제로 한 노동소득세액공제EITC처럼 엄밀하게 노동과 연계된 것은 아니지만, 다소 변형된 형태로 기존 정책이나 제도의 노동연계적 성격을 일정하게 유지하고 있다. 기본보장은 통상적으로 수급권자가 고용될 의지가 있어야만 하거나, 노동이나 어떤 활동을 수행한 다음에 이를 증명하고 빈곤 탈출을 위해 노력하는 등의 형태로 일정한 의무를 수행하는 경우에만 혜택을 받도록 하는 제도이기 때문이다(Blaschke, 2010: 53).

이들 기본보장 지지자들이 기본소득을 비판하는 논거는 다음과 같다(곽노완, 2009: 60).

○ 기본소득이 현재의 정치 지형에서 다수를 얻을 가능성은 없다.
○ 기본소득보다는 최저임금제의 강화, 노동시간 단축, 임금 인상 등의 개혁을 통해 새로운 임금노동 중심 사회를 실현하는 것이 우선적인 과제이다.
○ 기본소득은 임금 삭감을 조장하는 콤비임금[17]의 일종이다.

다음으로, 사회임금 확대 주장을 보자. 오건호(2009a, 2009b)는 "진보적 대안재정전략"을 집약적으로 보여 줄 수 있는 구체적이고 상징적인 의제로 "사회임금"의 확대를 주장하고 있다. 그는 사회적 급여를 총괄한 개념적 범주로서의 사회임금[18]은 전통적인 복지국가 모델에서

---

17) 임금과 국가의 임금 보조금의 결합을 '콤비임금Kombilohn'이라고 부른다. 콤비임금은 노동의 성격이나 방식을 문제로 삼지 않으며 (최)저임금에 대한 보조금의 성격을 띠고 있기 때문에 임금 삭감과 사회복지의 해체를 조장한다는 비판을 받고 있다. 그러나 기본소득은 (최)저임금에 대한 보조금이 아니며, 오히려 노동자의 협상력을 강화할 수도 있다는 점에서 콤비임금과는 본질적으로 그 성격이 다르다고 할 수 있다(Blaschke, 2006).
18) 여기서 말하는 사회임금은 현금 복지 급여와 현물 복지 급여를 합한 사회적 급여를 말하는 것으로, 사회복지 수혜액과 같다고 볼 수 있다. 이는 안토니오 네그리가 '사회적 공장social factory', '사회적 노동자social worker' 등

추론된 대상별 필요 복지를 주장하는 것으로서 실업, 보육, 주거, 연금 등 계층별/집단별 필요에 따라 복지를 제공하는 것을 그 핵심으로 한다고 설명한다. 그는 이러한 사회임금 확대 전략이 기본소득과 비교할 때 소득재분배 효과가 더욱 크고 필요 재원도 줄일 수 있다고 본다(오건호, 2009b: 46).

하지만 이러한 비판은 서로 다른 전제를 고려하지 않은 것이다. 복지국가 수준으로 사회임금을 확대하는 데 드는 재원보다 기본소득 시행을 위한 필요 재원 규모가 크다는 것은 분명하다. 기본소득은 증세, 조세제도 개혁, 행정 비용의 절감 등을 전제한다. 따라서 필요 재원의 크기를 놓고 기본소득을 비판하는 것은 합당하지 않다. 필요 재원의 크기가 작을수록 현실성이 커진다는 논리는 다른 문제이다. 그리고 사회임금이 기본소득보다 소득재분배 효과가 크다는 주장도 양자의 재원 규모가 같다고 가정하거나 기본소득이 대상별 필요 복지를 대체한다는 가정하는 한에서만 올바르다. 같은 재원을 모두에게 똑같이 나눠 주는 것과 필요한 일부에게 나눠 주는 것을 비교하면 당연히 후자의 소득재분배 효과가 큰데, 이것은 그냥 산술적 결과의 확인일 뿐이지 기본소득 비판의 논리가 될 수는 없다.

또한, 기본소득을 비판하는 일부의 사람들은 현물 급여가 현금 급여보다 소득재분배 효과가 크다는 주장을 펴는데(좌혜경, 2009: 2), 재원 마련 방안, 조세제도, 급여 수준에 따라 효과의 차이가 크다는

과 쌍을 이루는 개념으로 제시한 '사회적 임금social wage'과는 다른 것이다. 이 '사회적 임금'이 오히려 기본소득 구상에 가깝다. "사회적 임금에 대한 요구는 자본 생산에 필수적인 모든 활동을 동일한 보상으로 인식하므로, 사회적 임금은 실제로 보장된 수입이라는 요구를 전체 주민에게까지 확장시킨다. 일단 시민권이 모두에게 확대되면, 우리는 이 보장된 수입을 시민권 수입, 즉 사회의 한 구성원으로서의 각자에 대한 응당한 지불이라고 부를 수 있을 것이다."(Hardt et al., [2000]2001: 509.)

점과 기본소득 지지자들 가운데 일부 자유주의자들을 제외하면 현물급여 중심의 기존 복지 제도를 해체하여 기본소득으로 대체하자고 주장하는 사람들이 없다는 점을 고려할 때 이는 과녁이 빗나간 비판일 수밖에 없다.

한편, 오건호는 기본소득에 대해 다음과 같은 질문을 추가적으로 던지고 있다(오건호, 2009b: 46).

○ 기초생활급여, 실업급여 등이 무차별하게 기본소득으로 통합되는 것이 과연 형평성에 맞는가?
○ 사회복지 인프라가 시장화되어 있는 한국에서 현금 복지 중심의 기본소득이 애초 취지를 이룰 수 있는가?
○ 기본소득이 비판하는 복지행정 비용을 부정적으로만 바라보아야 하는가?

이러한 질문에 대해 간단하게 답변하자면 이렇다. 우선 기본소득은 기존의 현금 급여 모두를 무차별적으로 통합하는 것을 전제로 하는 것이 아니다. 기본소득 모델에 따라 차이가 있겠지만, 통합할 수 있거나 통합해야 하는 부분과 그렇지 않은 부분을 판단할 때 상황과 조건에 적합한 세심한 고려가 뒤따라야 한다. 그리고 기본소득은 현금 복지와 현물 복지를 대립적으로 보지 않으며, 사회복지 인프라의 시장화 문제는 별도의 대응책이 필요한 영역이다. 마지막으로, 기본소득을 주장할 때 거론되는 복지행정 비용의 문제는 사회적 낙인과 굴욕을 유발하는 각종 심사 과정에서의 과도하며 불필요한 낭비를 주로 지적하는 것이지, 복지행정 비용 일체를 부정적으로 보는 것은 아니다.

독일에서 기본보장을 주장하는 것과 한국에서 사회임금을 주장하는 것은 물론 서로 다른 맥락에서 제기된 것이지만, 기본소득에 대해 비판적이라는 점은 같다. 그리고 전자는 기존 복지국가 모델의 보완을 지향하고 있고 후자는 기존 복지국가 모델을 지향하고 있다는 점에서, 기본소득처럼 복지국가의 한계 자체를 뛰어넘으려는 시도에 대해 의문을 표하거나 최소한 유보적인 태도를 보이고 있다.

재정적, 정치적 실현 가능성에 대한 문제 제기

위와 같은 비판의 연장선에서 바바라 베르그만은 재정적 실현 가능성을 문제로 삼으면서, 복지국가 모델과 기본소득을 양립시키는 것은 사실상 어렵다며 가까운 미래에 특히 미국과 같은 곳에서는 복지국가 모델을 지향하는 것이 보다 현실적이라고 주장한다(Bergman, 2004). 그녀는 복지국가가 충분히 확립되고 자본주의가 더욱 고도로 발전한 다음에야 비로소 기본소득을 논의할 수 있다는 견해를 갖고 있다. 한국에서도 기본소득에 대한 비판에서 가장 주요한 논리는 재정적 실현 가능성의 문제에 집중되어 있다. 특히 유럽의 복지국가 모델을 선호하는 사람들은 기본소득 이전에 기본복지의 충족을 우선적인 과제로 놓으면서 기본소득에 대해 비판적인 입장을 표하고 있다. 다음과 같은 입장이 그 대표적인 예라고 할 수 있다.

> 이태수 교수는 약간 다른 측면에서 기본소득제 주장의 위험성을 지적했다. 한국처럼 사회 안전망이 거의 없는 사회에서는 너무 앞서가는 주장일 수 있다는 게다. 당장 시급한 복지 현안이 추상적인 쟁점에 가려질 수 있다는 것. 이 교수는 "복지 제도가 이미 다양하게 갖춰져 있는데, 이게 너무 복잡해서 간결하게 정리할 필요가 있을 때 기본소득제 주장이 설득력을 가질 수 있다"고 말했다. 지금은 텅 빈 백지 위에 다양한 복지 제도를 채워 넣어야 할 단계라는 생각이다. (프레시안, 2009)

그런데 복지 제도가 너무 복잡해서 간결하게 정리할 필요가 있을 때까지 기다리자는 주장은 과연 설득력이 있을까? 우리가 기계 이전의 도구를 사용하는 나라에 살고 있다고 가정해 보자. 이제 막 기계의 도입을 고민하기 시작했다. 그런데 마침 낡은 기계를 사용하던 나라가 최신 기계를 도입했다. 이때 우리는 어떤 선택을 해야 하는가? 바로 옆에 최신 기계가 있음에도 낡은 기계를 고집해야 할까? 낡은 기계를 사용한 다음에야 비로소 최신 기계의 도입을 고려해 볼 수 있다고 주장해야 하는가?

기본소득은 보편적 복지 패러다임의 정수로서 양자는 깊은 상호 관련을 맺고 있다. 보편적 복지 패러다임의 확산은 기본소득의 실현 가능성을 높여 주고, 거꾸로 기본소득 담론의 확산도 보편적 복지 패러다임의 확산에 기여한다. 그리고 보편적 복지 패러다임으로의 전환 속에서 기본소득의 실현 가능성과 기본복지의 실현 가능성은 함께 높아질 수 있다. 보편적 복지 패러다임이라는 하나의 뿌리는 기본소득과 기본복지라는 두 개의 줄기로 표현될 수 있기 때문이다. 기본소득과 기본복지는 배타적 선택의 문제도 선후의 문제도 아니라는 것이다. 기본소득은 기본복지의 해체를 통해 기존의 복지국가를 해체하려는 것이 결코 아니다. 기본소득은 기존의 복지국가가 겪었던 한계를 그대로 답습하고자 하는 것도 아니다. 기본소득은 '실질적으로 완성된 복지국가' 혹은 '가장 발전된 형태의 사회국가'를 위한 핵심적인 제도들 가운데 하나이다.

여기서 '실질적으로 완성된 복지국가' 혹은 '가장 발전된 형태의 사회국가'는 기본소득과 기본복지라는 두 핵심 원리에 '추가복지'라는 보충 원리를 결합한 형태의 국가로 정의하고자 한다. 기본복지의 영역은 의료, 교육, 주거 등이 대표적이다. 추가복지는, 예를 들어 비장애인이라면 필요하지 않겠지만 장애인에게는 필요하므로 사회가 보장하는 추가적인 비용이나 서비스를 가리키는 개념이다.

한편, 여기서는 이러한 원리가 실현된 국가를 '이행기 국가' 또는 '궁극적 대안 사회'로 보는 관점을 취하지 않는다. 기본소득은 분명 현재의 체제에 큰 변화를 불러올 수 있다는 측면에서 이행의 요소를 지니고 있지만, 자본주의적 가치법칙의 변화 혹은 폐지 등을 포함한 새로운 경제체제로의 이행의 문제는 이 책의 직접적인 논의 대상이 아니기 때문이다.

그밖에 기본소득의 정치적 실현 가능성을 문제 삼는 것도 비판의 논거로 자주 등장한다. 그러나 이는 모든 새로운 정책과 제도에 해당하는 비판이라는 점에서 특별히 기본소득 비판으로서 거론될 것은 아니라 할 수 있다. 사회의 큰 변화를 불러올 수 있는 정책이나 제도 일반은 모두 집권을 위한 프로젝트이자 집권 이후 실현할 수 있는 프로젝트일 수밖에 없다. 그리고 이는 그야말로 복잡다단한 정치화의 과정을 겪어야 하는 문제로서 기본소득 제도 자체가 이 문제에 대한 해답을 내장하고 있는 것은 아니다.

2.5 노동의 종말인가, 노동의 변화인가

우리는 모든 형태의 일work이 동등하게 대우받을 수 있도록
노동labour으로부터 일을 구출하여 이를 다시 세워야만 한다.
— 가이 스탠딩(Standing, 2009: 28)

이 장의 제2절에서 우리는 임금노동형 완전고용 패러다임을 대체하
는 새로운 노동 패러다임을 사회적 필요노동 패러다임이라고 정의했다.
새로운 복지 패러다임으로 제시한 보편적 복지 패러다임과 달리 이
새로운 노동 패러다임은 많은 논쟁점을 포함하고 있다는 점에서 추가적
인 서술이 필요하다. 또한 이를 왜 군이 '사회적 필요노동' 패러다임이라
고 부르는지도 설명하기로 한다.

'탈노동'인가, '노동의 종언'인가, '반노동'인가

우선 기존의 노동 패러다임을 대체하는 새로운 노동 패러다임을
'탈노동 패러다임'으로 정의하는 논자들이 있다. 대표적으로 이수봉은
탈노동 패러다임이 기존의 긍정적 노동관과 대비되는 부정적 노동관이
며 그 핵심 전략이 노동으로부터의 해방이라고 말한다. 그러나 그는

새로운 노동 해방의 패러다임은 "비물질적 노동[19]의 가능성과 결합한 '노동 안에서의 해방'과 노동시간 단축을 통한 지속적인 '노동으로부터의 해방'의 길"이 함께 필요하다는 것을 인정하고 있다(강남훈 외, 2009: 26~30).

구승회(2004: 179)는 더욱 직접적으로 '노동의 종언'을 이야기한다. 물론 그 내용은 노동 일반에 대한 거부는 아니다. 그는 노동 개념의 역사성과 사회성을 조명하는 가운데 "'완전고용'이라는 꿈의 실현에 대한 좌-우파의 이념적 합의는 거부되어야" 한다며 "자본주의적 노동의 종언"을 주장하고 있다. 그는 "노동의 종언은 야만으로의 퇴행을 외치는 것이 아니라, 새로운 형식의 유대, 보다 많이 일하고, 보다 많은 돈을 버는 것이 미덕이라는 강박적 요구에 저항하는 사람을 위한 투쟁"이라고 정의한다.

독일의 크리시스그룹Krisis-Gruppe도 노동 사회에 대한 급진적 비판을 수행한다. 이 그룹은 노동 지상주의 이데올로기가 어떻게 자본주의 상품생산 체제와 깊이 연루되고, 나아가 그것이 오늘날 신자유주의 이데올로기에 어떻게 이어지고 있는지를 다양한 각도에서 분석해 왔다(Kurz et al., 1999). 이 그룹이 1999년에 발표한 「반노동 선언 *Manifest gegen die Arbeit*」[20]은 이러한 견해를 더욱 집약적으로 보여 준다. 이 그룹의 대표적인 활동가인 로베르트 쿠르쯔는 "초역사적인 '노동' 범주가, 사실은 모든 욕구들로부터 떨어져 나온 현대 상품생산 체계의 특정한 행위 양식이라는 사실이 20세기 말의 세계 위기를 통해 비로소

---

19) '비물질 노동immaterial labor' 개념에 대해서는 질 들뢰즈 외(2005)가 상세하게 설명하고 있다. 이 개념은 1980년대 이후 이탈리아 자율주의 운동의 이론적 발전 과정에서 논의되어 온 것으로, 자율주의 이론가들은 노동과정의 탈근대적 재구성 과정이 이러한 비물질 노동의 헤게모니 아래에서 이루어지고 있다고 주장한다.

20) http://www.krisis.org/1999/manifest-gegen-die-arbeit

드러났다."며 "근본적인 자본주의 비판이 다시 자리를 잡기 위해서는 이 '노동' 자체에 반대하는 코페르니쿠스적 전환이 이루어져야 한다."고 역설한다.[21] 나아가 그는 이러한 전환이 "'어떤 일에 종사'하는 것"이 아니라 "노동력을 이성적으로 투입하는 것"에 의해 이루어질 수 있다고 주장한다(Kurz et al., [1999]2007: 22).

새로운 노동 패러다임을 찾아서

김원태(2009)의 경우, 자본주의뿐만 아니라 현실 사회주의에서의 노동 중심적 사고에 대한 비판으로까지 나아간다. 하지만 그는 기술결정론과 도구적 노동관을 바탕으로 한 탈노동 패러다임에 대해서는 비판적이다. 결론적으로 그는 마르크스의 노동 패러다임의 재독해를 통해 '노동 안에서의 해방 전략', '노동 분할의 극복 전략', '노동으로부터의 해방 전략'과 함께 노동과 가치의 고리를 끊는 '조건 없는 기본소득'을 도입하는 것이 새로운 노동 정치를 가능하게 해 줄 것이라고 주장한다.

차문석(2001)은 소련, 중국, 북한 등 20세기 사회주의를 산업주의와 생산성 중심주의에 굴복한 체제라고 비판적으로 평가하면서, '노동 신화'의 동원과 관철[22]이 이러한 산업주의와 생산성 중심주의의 지배를

---

21) 쿠르쯔는 자본주의 상품생산 체계가 그 내적 필연성에 의해 붕괴할 수밖에 없다는 객관적 규정성을 강조하면서 기존의 노동자운동, 사회주의와 공산주의 정당 운동을 비롯한 많은 사회적 실천 운동을 '체제 내적'이라고 비판하는데(Kurz et al., [1999]2007: 17), 이러한 견해는 구체적인 실천 대안이 없는 하나의 급진적 태도에 불과하다는 비판을 많이 받고 있다.

22) 그러나 이러한 '노동 신화'의 동원과 관철이 순조롭게만 이루어졌던 것은 아니다. 차문석은 '디오니소스적 노동자'의 존재를 예로 들면서 다음과 같이 설명한다. "신화를 통해서 노동을 강제하였으나 강제되지 않았으며, 모

불러왔다고 주장한다. '노동 신화'가 자본주의는 물론 20세기 사회주의를 철저하게 정복했다는 사실을 구체적으로 밝혀낸 그는 20세기 '노동 전체주의'를 다음과 같이 묘사하고 있다.

> 20세기는 적어도 '노동 광신주의'라는 면에서 자본주의와 사회주의의 평화 공존이 완성된 시기였다. "노동 예루살렘을 향한 여정"을 꿈꾸는 노동 사회는 여전히 모든 체제에서 발견된다. '노동하지 않는 인간은 인간일 수 없다(Homo laborans)'는 명제 하에 이 노동 사회는 천하를 통일했다. 이것이 '노동 전체주의'로 이끌었다.
> 이 노동 전체주의는 아우슈비츠 정문에 걸린 "노동이 너희를 자유롭게 하리라"라는 파시즘의 슬로건에서, "일하지 않는 자 먹지도 말라"라는 20세기 자본주의와 사회주의의 슬로건에서, 그리고 현재 붉은 장밋빛 — 유럽 사민주의의 상징 — 의 의상을 걸친 서유럽의 '제3의 길'이 내걸고 있는 "노동 복지"에 이르기까지 모든 장소와 모든 근대적인 시간에 걸쳐 자행되었다. (차문석, 2001: 342)

결론적으로, 그는 이러한 '노동 신화'와 '노동 전체주의'를 전복할 새로운 노동 패러다임 창출의 필요성을 역설하는데, 이를 위해서는 시장과 경쟁이 아닌 연대와 공존의 원리에 기반을 둔 제도를 마련하는 것과 함께 노동을 다시 산업주의, 생산성 중심주의와 묶으려는 시도를 통제하는 것이 필요하다고 주장한다.

든 노동자들을 프로메테우스로 만들려고 했으나 노동자들은 디오니소스가 되었다. 이 디오니소스적 노동자들은 적어도 20세기 사회주의가 붕괴할 때까지는 이 노동 사회의 신화 이면에 존재하는 하나의 현실을 이루고 있었다."(차문석, 2001: 42.) 한편, 차문석이 소련, 중국, 북한의 노동 사회를 분석하며 이러한 결론을 이끌어 냈다면, 게르트 베트젠트는 독일 통일 이전 동독의 노동 사회를 분석하며 이와 유사한 결론을 제시한다(Kurz et al., [1999]2007: 219~245).

강수돌과 홀거 하이데는 오늘날의 사회를 노동에 중독된 "노동 사회"로 규정하고, 노동을 매개로 현대 사회가 지배력을 유지한다고 본다. 그리고 이때의 노동은 전적으로 자본이 규정하고 있으며, 노동자 또한 단순히 희생자이기만 한 것이 아니라 자본축적 체제에 동조하는 협력자 또는 공범자라고 한다. 노동자 다수는 이미 자본이 강요하는 경쟁을 내면화하고 있다는 것이다(강수돌 외, 2009). 이들 역시 노동 사회의 형성과 발전, 오늘날의 노동 중독 현상을 다양하게 살펴보면서, 노동 사회에서 벗어나기 위한 대안적인 노동 패러다임의 필요성을 주장한다. 그러나 이들은 인간의 자본화된 주체성 또는 자본에 의해 불구화된 주체성을 회복하는 것이 노동 사회에서 벗어나기 위해 무엇보다 중요하다면서, "삶에 대한 자기 책임성self-responsibility의 회복, 그리고 자기 조직화self-organization와 생동하는 연대living solidarity가 대안적 해결책의 핵심"(강수돌 외, 2009: 411)이라고 강조한다.

한편 이진경(2006)은 이렇게 말한다. "우리는 노동하지 않는 자는 먹지도 말라는 이 끔찍한 주장을 근본에서 뒤집어야 한다. 다시 말해 노동하지 않는 자도 충분히 먹고 살 수 있어야 한다. 즉 노동을 하든 안 하든 먹고 살 수 있는 비용, 즉 노동력 재생산 비용이 사회적으로 지급되어야 한다." 그는 기본소득이라는 표현을 직접적으로 쓰지는 않지만, 현재의 지배적인 노동 패러다임에서 벗어나야 한다는 주장을 전개하면서 기본소득과 같은 발상에 도달하고 있다. 그는 좀 더 본질적인 차원에서 "가치화되는 활동만을 노동으로 정의하는 이론적 명제를 돌파해야" 한다면서 "노동가치론의 이론적 배치에서 벗어나는 것, 혹은 좀 더 근본적으로 노동의 인간학[23]이라는 인식론적 배치에서

---

23) 그는 '노동의 인간학'을 다음과 같이 설명한다. "노동이 모든 가치의 원천 이라는 생각, 노동자가 세상의 주인이며, 역사와 문명을 만들어왔다는 생 각, 나아가 인간의 본질은 노동이라는 생각은 노동자에게 특권적인 위상을

벗어나는 것"이 자본주의 외부를 창안하고 창출할 가능성을 열어 준다고 본다. 하지만 그는 반어적으로 '모든 활동을 가치화하고, 모든 활동을 노동으로 만드는' 시도에 대해서도 긍정적으로 평가한다. 물론 그는 이러한 반어에 너무 몰입하는 것은 경계해야 한다는 말을 덧붙인다(이진경, 2006: 71).

사실 노동과 가치의 등식을 극단으로 밀어붙이는 시도는 안토니오 네그리와 마이클 하트가 『제국Empire』 등의 저작에서 수행했다고 볼 수 있다. 이들은 "'프롤레타리아트'를 자본에 의해 착취당하는 노동을 하는 모든 사람들, 즉 협동하는 전체 대중을 규정하는 일반적 개념"으로 정의하면서, 이 프롤레타리아트가 이전처럼 생산적 노동, 재생산적 노동, 그리고 비생산적 노동과 같은 구분이 없이 온종일 곳곳에서 일반적으로 생산에 참여한다고 본다. 오늘날과 같은 탈근대 시대에는 "전체 대중이 생산하며 전체 대중의 생산이 사회적 총자본의 관점에서 필요"하다고 파악하는 것이다. 그리고 이들은 이러한 일반성의 도출로부터 "모두에게 사회적 임금과 보장된 수입"을 보장해야 한다는 정치적 요구를 제시하고 있다(Hardt et al., [2000]2001: 506~509).

한편, 장애학 이론가인 폴 애벌리는 장애인과 노동의 문제를 사고하는 가운데 새로운 노동 패러다임과 기본소득의 필요성을 역설하고 있다. 그는 노동 세계 자체가 급속도로 변화하고 있다는 점을 언급하면서, 이러한 시대에는 장애인의 배제를 극복하려고 하는 노동에 기초한 다른 어떤 대책들보다 개별적인 노동과 연계되지 않은 기본소득이 장애인의 완전한 사회 통합을 더욱 가능하게 해 줄 것이라고 주장한다(Abberley, 2002: 135~136). 그는 또한 '능력에 따라 일하고 노동에 따라 분배받는'[24] 체제는 모든 장애인에게 해방적인 공간이 될 수 없다고

부여해준다. 이런 생각을 보통 '노동의 인간학'이라고 부른다."(이진경, 2006: 53~54)

본다. 손상된 몸을 지닌 사람들 모두를 노동의 영역으로 완전히 통합시키는 것은 적절하지 못할 뿐만 아니라 불가능하기 때문에, 결국은 사회적 배제를 발생시킬 수밖에 없다는 것이다. 결론적으로 그가 제시하는 대안은 일종의 이중 전략이다. 노동을 원하고 노동의 과정에 의미 있게 참여할 수 있는 사람들에 대해서는 노동 참여를 촉진하되, 손상된 몸을 지닌 사람들을 포함하여 노동을 하기 어려운 사람들에 대해서는 노동과 무관한 삶을 보편적으로 안정화하자는 것이다(김도현, 2009: 172~179).

사회적 필요노동 패러다임

위에서 살펴본 것처럼 '탈노동' 혹은 '노동의 종언'이란 표현은 분명히 현재의 노동 중독 사회, 자본주의적 노동 중심 사회와 분명히 선을 긋는 의미가 있다. 하지만 그것은 자칫 자본주의적 임금노동의

---

24) 마르크스의 『고타 강령 초안 비판』(1875)에서 코뮤니즘의 낮은 단계 혹은 첫 단계의 원칙으로 서술된 것이다. 이 단계에서는 여전히 노동과 그에 따른 분배 사이에 가치대로의 교환이라는 가치법칙이 작동하고 있다. 물론 노동에 따른 분배 이전에 **"노동 능력이 없는 사람 등등을 위한 기금, 요컨대 오늘날의 이른바 공공 빈민 구제에 속하는 것"**(Marx, [1875]1995: 375) 등은 우선 공제된다. 그렇다 하더라도, 노동 중심적 분배 원리와 노동 중심적 사회 통합 원칙이 지배하며, "부르주아적 권리의 편협한 한계가 완전히 극복"되지 않은(Marx, [1875]1995: 377) 이 단계에서는 사회적 배제가 또 다른 형태로 재생산될 수밖에 없다. 이 단계에서도 노동 무능력자는 여전히 예외적인 대상, 그리고 구제의 대상으로 간주되기 때문이다. 한편, 이런 측면에서 (현실) 사회주의는 일정하게 근대적 의미의 노동 개념을 자본주의와 공유했다고 볼 수 있으며, 때로는 노동의 신화화를 통해 근대적 노동 윤리를 강제하는 모습까지도 보여 주었다. '소비에트 테일러주의'와 '스타하노프 운동'은 이러한 특징을 보여 주는 가장 대표적인 사례이다.

전일화로부터의 탈피가 아니라 노동 일반에 대한 거부로 오해될 소지가 있고 노동 사회의 재편 혹은 혁신이 아니라 노동 사회 일반에 대한 거부로 읽힐 수도 있기 때문에, 이 책에서는 이러한 표현을 사용하지 않았다. 그 대신에 '사회적 필요노동'이라는 개념을 고안했다.

사회적 필요노동 개념은 노동 일반을 자본주의적 임금노동으로 환원하거나 역사성과 사회성을 사상한 채 노동을 인간의 특정한 유적 본질로 환원하는 모든 사고에서 벗어나 노동 개념을 새롭게 구성하는 것을 목적으로 한다. 여기서 사회적 필요노동은 자본주의적 임금노동, 즉 자본의 가치 증식 활동에 봉사하는 노동만을 의미 있는 노동으로 인정하는 것이 아니라, 사회적 필요, 즉 한 사회를 유지하고 발전시키기 위해 필요한 모든 활동을 필요노동으로 새롭게 정의함으로써 노동의 성격의 변화를 도모하려는 것이다.

다니엘 라벤토스도 이와 비슷한 맥락에서 노동을 새롭게 정의하고 있다. 그는 기존의 지배적인 노동 개념은 상품과 서비스의 생산과 비교적 엄격하게 연계된 것이었다면서, 이제 노동을 더 이상 특별히 고된 것으로만 이해하지 말고 각 개인의 이해에 따라 수행하는 자기 목적적인 활동으로 정의하자고 제안한다. 이에 따르면, 노동은 어떤 외부적인 요인에 의해 그 중요성이 좌우되지 않는 특정한 종류의 활동으로 간주될 수 있다. 한편, 그는 사회적 유용성이라는 기준은 노동의 정의에 포함시키지 않는데, 왜냐하면 이 유용성의 판단에 있어서 정치적 요소가 크게 작용하는 등 여러 가지 문제가 있다고 보기 때문이다. 결론적으로, 그가 제시하는 새로운 노동의 정의 속에는 세 가지 형태의 노동이 포괄된다. 그것은 바로 지불노동remunerated work, 가사노동domestic work, 자발노동voluntary work이다. 그는 이 각각의 노동 형태와 그 변화 가능성을 기본소득과의 연관 속에서 서술한다 (Raventós, 2007: 75~93).

그러나 여기서 말하는 '필요노동'은 아직까지 임금노동의 완전 철폐를 전제하고 있는 것은 아니며, 임금노동 이외의 다양한 노동 범주를 포괄하기 위한 과도기적인 노동 개념이라고 할 수 있다. 물론 사회적 필요노동 패러다임이 지배적으로 된다 하더라도, 자본 관계 자체가 일소되지 않는 한, 임금노동은 그 속에서 여전히 일정한 지위를 차지할 것이다. 그렇다 하더라도 이때의 임금노동은 그 이전 패러다임 속에서의 지위나 성격을 그대로 온전하게 유지하는 것은 아닐 것이다. 기본소득의 실현이 노동자의 협상력을 높여 계급 역관계의 변화를 불러오고 노동 자체를 포함한 노동 사회 전반의 혁신을 앞당길 수 있는 가능성을 열어 주기 때문이다.

그리고 여기서 사회적 필요를 강조하는 것은, 노동과 가치의 직접적인 연결 고리를 끊는 것뿐만 아니라 모든 사람이 정해진 틀의 노동을 해야만 모든 사람의 필요를 충족시킬 수 있다는 가정에 의문을 제기하고 자본주의의 발전과 함께 모든 사람에게 더욱더 뿌리 깊게 각인된 '노동 윤리', '노동 신화', '노동 중심성'과도 비판적 거리를 유지하기 위함이다. 또한, 사회적 필요에 대한 강조는 실제의 사회적 필요와는 무관하게 오로지 이윤을 동기로 작동하는 자본주의적 생산과 가치 증식 활동의 맹목성에서 벗어나기 위한 최소한의 준거를 마련하기 위한 것이다.

그런데 이때 사회적 필요노동 개념을 도입하는 것은 현재의 자본주의사회에서 인간의 모든 활동을 자본의 가치 증식 활동에 관계하는 노동으로 파악하여 일정한 몫의 분배를 정당화하려는 시도와는 구분된다. 그렇지만 예를 들어 가사노동의 인정을 요구하고 그에 대한 대가를 촉구하는 것과 같이 최소한 전술적인 차원에서의 이러한 시도조차 무의미하다고 단정하는 것은 아니다. 다만, 자본 관계가 현재의 사회를 지배하고 있다 하더라도 근본적으로 인간의 모든 활동을 가치 증식의 매개로서만 정의하는 것이 과연 타당하며 가능한지에 대해서는 이론의 여지가 많다는 점이 분명하다. 그리고 이러한 관점에 설 경우, 자본주의적 임금노동과 가치법칙 자체를 변화시키는 것이나 거기서 벗어난 외부 영역의 창출을 사고하는 것은 더더욱 어려운 일이 될 수밖에 없을 것이다.

제3장 기본소득, 한국에서도 시작하자

3.1 한국의 복지 현실, 여전히 열악하다

빈곤은 피가 나는 상처와 같다. 방어를 약화시키고, 저항
을 누그러뜨리며, 약탈자를 끌어들인다.
— 데이비드 쉬플러(Shipler, 2005: 18)

사회보장 제도 가운데 핵심적인 지위를 차지하는 소득 보장 제도에
는 일반적으로 기여금이 없고 소득 조사와 자산 조사도 없는 '사회수당',
기여금이 있지만 소득 조사와 자산 조사가 없는 '사회보험', 기여금이
없지만 소득 조사와 자산 조사가 있는 '공공부조' 등이 있다. 한국에는
유럽 국가들에서 일부 시행되고 있는 사회수당 제도는 없고 사회보험과
공공부조 제도가 있다. 한국의 「사회보장기본법」 제3조에 따르면, 사
회보장의 영역은 "사회보장", "사회보험", "공공부조", "사회복지서비
스", "관련복지제도" 등으로 구분된다. 그리고 이 가운데 사회보험은
"국민에게 발생하는 사회적 위험을 보험의 방식으로 대처함으로써
국민의 건강과 소득을 보장하는 제도"로, 공공부조는 "국가와 지방자치
단체의 책임 하에 생활 유지 능력이 없거나 생활이 어려운 국민의
최저생활을 보장하고 자립을 지원하는 제도"로 정의되어 있다.
먼저 사회보험의 경우, 국민연금, 건강보험, 고용보험, 산재보험

등의 4대 보험이 가장 대표적이다. 국민연금 보험료는 2010년 현재 사업장 가입자와 지역 가입자 모두 보수월액의 9%이며, 사업장에서는 이를 사용자와 노동자가 각각 50%씩 부담하고 있다. 건강보험 보험료는 2010년 현재 노동자 보수월액의 5.33%이며, 이를 사용자와 노동자가 각각 50%씩 부담하고 있다. 건강보험의 경우, 보험료 이외에도 정부가 그해 예상 보험료 수입액의 14%를 지원하고 '담배 부담금'을 통해 그해 예상 보험료 수입액의 6%를 마련해 재원을 보충한다. 고용보험 보험료는 2010년 현재 실업급여 부분은 노동자 보수월액의 0.9%인데, 이를 사용자와 노동자가 각각 50%씩 부담하고 있고, 고용 안정 사업 및 직업능력개발 사업 부분은 기업 규모에 따라 노동자 보수월액의 0.25%, 0.45%, 0.76%, 0.85%로 차등을 두고 있으며 사용자가 전액 부담하고 있다. 산재보험의 보험료는 사용자가 전액 부담하고 있는데, 업종에 따라 큰 차이가 있다.

다음으로, 공공부조는 크게 일반적 공공부조와 범주적 공공부조로 나뉘는데, 일반적 공공부조에는 국민기초생활 보장 제도가 가장 대표적이고, 범주적 공공부조에는 기초노령연금, 장애수당, 장애아동수당 등이 대표적이다. 기초노령연금은 현재 65세 이상 전체 노인 중 소득과 재산을 심사하여 소득인정액을 산출한 다음, 소득인정액 하위 70%의 노인에게만 연금을 지급하는 제도이다. 그리고 장애수당은 「국민기초생활 보장법」상의 수급권자(이하 '국민기초생활 보장 수급권자') 및 차상위 계층의 18세 이상 등록 장애인과 국민기초생활 보장 수급권자인 보장 시설 입소 장애인에게 일인당 월 최고 13만 원의 수당을 지급하는 제도이고, 장애아동수당은 국민기초생활 보장 수급권자 및 차상위계층의 18세 미만 재가 등록 장애아동에게 일인당 월 최고 20만 원의 수당을 지급하는 제도이다.

〈표 4〉 주요 사회보장 제도의 도입과 확대 과정

구분	법률 명칭	입법 시기	비고
사회 보험	공무원연금법	1960년	1996년 조기퇴직연금제도 도입
	군인연금법	1961년	
	사립학교교원연금법	1973년	2000년 사립학교직원연금법으로 개정
	국민연금법	1986년	1995년 농어민까지 대상 확대 1999년 도시 지역 모든 거주자로 대상 확대 2003년 사업장 가입자 대상 확대
	의료보험법 (국민건강보험법)	1963년	1989년 도시 지역 자영업자 적용 1997년 국민의료보험법 제정 2000년 국민건강보험법으로 개정(직장/지역 통합)
	노인장기요양보험법	2007년	2008년 7월부터 시행
	고용보험법	1995년	1998년 상시 근로자 5인 미만 사업장으로 확대 2004년 1월 미만 일용직 근로자 적용
	산업재해보상보험법	1963년	2000년 상시 근로자 1인 이상 사업장으로 확대 2003년 보험보험료징수등에관한법률 제정
공공 부조	생활보호법	1961년	2000년 국민기초생활 보장법으로 전면 개정
	자활지도사업에관한 임시조치법	1965년	2000년 국민기초생활 보장법에 통합
	의료보호법	1976년	2001년 의료급여법으로 개정
	긴급지원법	2005년	2005년 긴급지원에관한법률로 개정
	군사원호법	1950년	1984년 국가유공자예우등에관한법률로 개정
	재해구호법	1962년	2001년 전문 개정
사회 복지 서비스	사회복지사업법	1970년	1992년 모자복지법, 영유아보육법 추가 1997년 사회복지시설 평가와 사회복지사 자격 규정 강화 2003년 지역사회복지협의체 설치, 재가 복지 강화
	노인복지법	1981년	1997년 경로연금 제도 및 구상권 제도 도입 2003년 노인 학대 신고 의무와 조치 사항 규정 2007년 기초노령연금제도 도입
	아동복지법	1961년	1981년 아동복리법이 아동복지법으로 전면 개정 2000년 아동학대에 대한 예방 및 신고 규정
	장애인복지법	1981년	1989년 심신장애인복지법을 장애인복지법으로 개정 1990년 장애인고용촉진등에대한법률 제정 2000년 장애 범주를 내부 질환까지 확대 2003년 장애 범주에 일부 장애 추가 2010년 장애인연금법 제정
기타	근로장려세제	2007년	2007년 근로장려세제 도입(2009년 급여 지급)

노대명 외, 2009: 101의 표를 일부 수정함.

사회보험의 광범위한 사각지대

이러한 현행 사회보험과 공공부조 제도가 별다른 문제없이 제대로 기능할 수 있을까? 그 수준은 차치하고라도 광범위한 사각지대 문제를 과연 해결할 수 있을까?

우선 사회보험 가운데 가장 대표적인 국민연금의 사각지대 현황을 살펴보기로 하자. 〈그림 5〉는 2008년 12월 현재 한국의 생산 가능 연령(20~64세) 인구 총 3,145만 명 중 국민연금 사각지대에 놓여 있는 인구가 국민연금과 특수직역연금 미가입자 1,166만 명에다 전체 국민연금 가입자 1,834만 명 중 납부예외자 503만 명[25]과 지역 미납자 248만 명 등을 포함하면 무려 1,917만 명에 달한다는 것을 보여 주고 있다(박은수 의원실, 2009).

이때 비경제활동인구 900만 명은 국가가 노후 소득을 보장해야 할 국민이라는 점에서 사각지대에 포함될 수 있다. 납부예외자는 평균 납부 기간이 35개월인데, 평균 납부예외 기간이 50개월로 15개월이나 길어서 사실상 사각지대에 놓여 있는 것이나 마찬가지이다. 미납자도 현재 경제적 능력이 없어 미납하는 것이므로 앞으로도 연금 납부를 기대하기 어려워 사각지대에 놓여 있다고 볼 수 있다(박은수 의원실, 2009).

고용보험의 사각지대 규모 또한 심각하다. 2008년 12월 현재 고용 보험 가입자는 938만 5,000명에 이른다. 이 수치는 이 제도가 처음 실시되었던 1995년의 약 400만 명에 비하면 두 배 이상 증가한 것인데, 이는 고용보험 의무 가입 범위가 계속 확대되어 온 결과이다. 그러나 전체 취업자 대비 고용보험 가입률은 조사 방식과 기준에

---

25) 국민연금관리공단에 따르면 2010년 2월말 현재 소득이 없어 국민연금을 내지 못하는 납부예외자가 511만 6,333명으로 사상 최고치를 기록했다.

〈그림 5〉 한국의 다층 체계* 현황 (2008년 12월 기준)

(단위: 명)

다층체계	구분							
	생산 가능 연령(20~64세) 총인구 3,145만							
	비경제 활동인구 900만	경제활동인구 2,245만						
		실업자 74만	취업자 2,171만					
3층							개인연금 990만 건	
2층			퇴직금 1,516만 (전체 경제활동인구의 64.3%)				퇴직연금 112만	
1층	국민연금 및 특수직역연금 미가입자 1,166만	납부 예외자 503만	지역 미납자 248만	지역 가입자 128만	사업장 가입자 949만	임의 (계속) 가입자 6만	특수직역 연금 공무원 103만 교직원 26만 군인 16만 총 145만	
		751만		1,083만				
		국민연금 가입자 1,834만						

* 1994년 월드뱅크World Bank는 안정적인 노후 소득 보장을 위한 대안으로, 강제적 공적 연금 제도인 1층, 강제적 민간 관리 연금 제도인 2층, 민간 보험 제도인 3층으로 이루어진 다층 체계multi-pillar system를 제안한 바 있다.

출처: 박은수 의원실, 2009: 1.

따라 약간씩의 차이가 있긴 하지만 대략 40% 안팎 수준에 머물고 있다. 〈그림 6〉은 고용보험 적용 사각지대에 놓여 있는 사람이 2009년 현재 1,336만 명이라고 보고 있다. 이는 경제활동인구 조사에 따른 총취업자수를 놓고 이 가운데 고용보험 피보험자수를 제외하는 방식으로 산출한 것이다.

〈그림 6〉 고용보험 적용 사각지대 현황 (2009년 2월 기준)

15세 이상 인구 3,990만 명					
비경제활동인구 1,623만 명	경제활동인구 2,367만 명				
	실업자 92만 명	취업자 2,274만 명 (100%)			
고용보험 적용 제외 대상 1,715만 명		비임금노동자 679만 명 (29.9%)		임금노동자 1,595만 명 (70.1%)	
		자영업자 556만 명 (24.5%)	무급 가족 종사자 123만 명 (5.4%)	임시·일용직 676만 명 (29.7%))	상용직 919만 명 (40.4%)
		고용보험 적용 사각지대 1,336만 명 (58.8%)			고용보험 피보험자 938만 명 (41.2%)

출처: 국회예산정책처, 2009: 111.

이 밖에도 건강보험공단의 자료를 보면, 2009년 4월 현재 110만 5천 세대 217만 2천 명이 건강보험 급여가 제한되어 의료 사각지대에 놓여 있다. 이는 전체 가입 세대의 5.8%에 해당하는 수치다. 그런데 2009년 7월 현재 3개월 이상 건강보험료가 체납된 세대는 205만 3천 세대이고, 이 중 건강보험급여가 제한될 수 있는 6개월 이상의 장기 체납 세대도 152만 8천 세대에 달해, 앞으로 의료 사각지대의 규모는 더욱 늘어날 전망이다. 생계형 체납 세대에 속하는 이들 대부분은 사각지대 빈곤층에 속하는 사람들이다. 그 밖의 다른 사회보험들도 가입 대상자의 상당수가 배제되어 있는 것이 현실인데, 그 정도의 차이는 있으나 이러한 광범위한 사각지대의 존재는 기여형 사회보험 제도의 특징이자 근본적인 한계라고 할 수 있다.

공공부조의 광범위한 사각지대

다음으로, 공공부조 제도 가운데 가장 핵심을 이루는 국민기초생활 보장 제도를 살펴보기로 하자. 이는 매우 까다로운 심사를 거치는 노동연계형 생활 보장 제도이다. 우선 수급권자가 되기 위해서는 부양 의무자 유무, 부양 능력 및 부양 여부, 수급권자와 부양 의무자의 소득 및 재산, 수급권자의 노동 능력, 취업 상태, 자활 욕구 등 자활 지원을 위한 계획을 수립하는 데 필요한 사항 등을 조사받아야 한다. 그리고 수급이 결정된 이후에도 매년 1회 이상 확인 조사를 받아야 한다. 까다로운 심사 절차를 통과하여 일단 수급권자로 선정되면 생계 급여와 주거급여는 현금으로, 교육급여, 해산급여, 장제급여, 의료급여 등은 필요한 가구에 한해 현물로 지급된다. 그리고 지급 수준은 가구별 최저생계비 계측에 따른다. 이처럼 까다로운 절차를 통과한 절대 빈곤 층은 「국민기초생활 보장법」에 따라 최소한의 생계를 보장받을 수 있지만 절대 빈곤층이면서도 이 법에서 배제된 계층이 여전히 큰 규모로 존재하고 있는 것이 현실이다.

2009년 3월 정부가 발표한 자료에 따르더라도, 소득과 재산 모두 「국민기초생활 보장법」에 따른 수급권자 기준을 충족하지만 부양 의무자 기준[26] 때문에 탈락한 사람들이 60만 가구, 100만 명(〈그림 7〉의 A부분)이고, 소득으로는 기준 이하이지만 주거용 부동산, 자동차,

---

26) 법에 따르면, 부양 의무자의 범위는 수급권자의 직계혈족이나 그 배우자 또는 수급권자의 1촌 직계혈족(부모, 아들, 딸 등)과 그 배우자(며느리, 사위 등)이다. 또한 부양 능력 없음을 인정받기 위해서는, 수급권자 가구의 최저 생계비를 A라 하고 부양 의무자 가구의 최저생계비를 B라 할 때 실제소득 이 (A+B)의 130% 이하이고 재산의 소득 환산액이 (A+B)의 42% 이하이 어야 한다. 단, 부양 능력 미약 기준과 재산 특례 기준이 이를 제한적으로 보완하고 있다.

금융자산 등으로 말미암은 재산 기준 초과로 수급권자가 될 수 없는 사람들이 110만 가구, 240만 명(〈그림 7〉의 B부분과 C부분)이며, 전형적인 차상위계층의 사람들이 30만 가구, 70만 명(〈그림 7〉의 D부분)이나 된다(기획재정부 외, 2009). 모두 200만 가구, 410만 명, 무려 전체 인구의 8.7%에 해당하는 국민이 생계 보호 사각지대에 있는 저소득층, 즉 사각지대 빈곤층으로 존재하고 있다는 것이다.

〈그림 7〉 생계 보호 사각지대에 있는 저소득층 현황

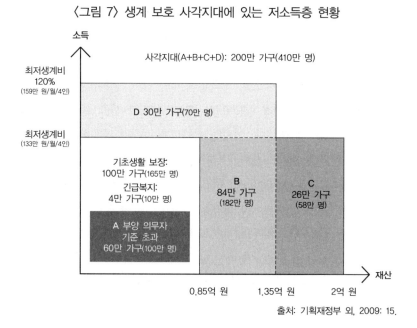

출처: 기획재정부 외, 2009: 15.

사각지대 막을 수 없는 현재의 복지 제도

결론적으로, 절대 빈곤층과 중산층 사이의 준빈곤층, 흔히 차상위 계층으로 불리는 집단은 4대 사회보험과 공공부조 양 제도로부터도 배제되고 있는 것이 현실이다. 또한, 정규직 노동자를 포함한 중산층은 대부분 4대 사회보험의 적용을 받고 있으나 비정규직 노동자의 상당수는 이로부터도 여전히 배제되고 있다. 경제 위기 상황이 지속한다면 가장 큰 고통을 받게 될 집단은 두말할 나위 없이 「국민기초생활보장법」에서조차 배제된 절대 빈곤층과 준準빈곤층이다.

이들 집단이 복지 제도의 사각지대에 머물 수밖에 없는 이유는 매우 단순하다. 일정한 소득이 없거나 소득이 낮아서 보험료를 내기 어려운 계층은 보험료 납부를 전제로 하는 사회보험 제도의 혜택조차 받을 수 없고, 까다로운 심사 절차가 있는 공공부조 제도로부터도 배제되고 있기 때문이다. 이러한 한계는 1997년 외환위기 이후 신자유주의의 흐름이 거세어지고 빈곤과 사회적 배제가 심화되면서 더욱 두드러졌다. 경제 위기 상황이 장기간 지속하거나 반복된다면 더더욱 현 복지 제도의 기본 골격, 즉 4대 사회보험과 「국민기초생활 보장법」은 사회적 약자를 위한 근본적인 대책과 거리가 멀어질 것이다.

이 때문에 기본소득 지지자가 아니라 하더라도, 현행 사회보험에서 기여금과 급여 사이의 엄격한 관계를 보다 완화해야 하고 공공부조의 경우도 까다로운 심사나 조건을 완화해야 한다고 주장하는 사람들이 점점 목소리를 높이고 있다. 대표적인 예로는 '새로운사회를여는연구원'(원장 손석춘)이 맨 처음 제안한 '전국민고용보험제도'가 있다. 2009년 현재 고용보험에 가입된 노동자는 약 940만 명인데, 농민과 자영업자 등을 포함한 통계청 발표 경제활동인구는 약 2,400만 명이다. 여기에 '취업 준비생' 60만 명과 '쉬었음' 인구 170만 명을 합치면 실제 고용보험의 혜택을 받아야 하는 사람은 약 2,600만 명에 이른다. 따라서 현재의 고용보험 대상자는 전체의 약 36%에 불과한 셈이다. '새로운사회를여는연구원'은 이를 해결하기 위해 현재 임의 가입 방식으로 되어 있는 일용직 노동자 등의 고용보험 적용 폭을 대폭 확대하고 자영업자는 물론 취업 준비생 등의 청년 실업자들도 고용보험 대상자에 포함하자고 주장한다. 그리고 정부가 이들의 보험료에 대해 납부 유예 조처를 하거나 전액을 지원하는 등의 대책을 마련해야 한다고 제안한다 (오마이뉴스, 2009). 한편, '새로운사회를여는연구원'은 고용보험 적용 폭의 대폭 확대 및 보험료 지원 등을 핵심으로 하는 '전국민고용보험제 도' 또한 사회보험 제도가 갖고 있는 근본적인 한계를 안고 있다고 보고, 이를 보완하기 위해서 기여금은 없지만 자산 심사가 있고 노동연 계적 성격을 지닌 '실업부조' 제도를 함께 도입하는 것이 필요하다고 주장한다(이상동 외, 2009: 87).

형편없는 한국의 복지 지출 수준

이제 한국의 복지 지출 수준을 살펴보기로 하자. 한국보건사회연구 원의 정책 보고서는 한국의 사회복지 지출을 지난 2005년 기준 약 73조 3,450억 원으로 추계하였다. 이는 경상 국내총생산GDP 대비 9.09%[27]이다. 〈표 5〉에서 볼 수 있는 것처럼 한국은 경제개발협력기구

---

27) 이 수치는 통계 작성 기관과 그 기준에 따라 조금씩 차이를 보인다. 보건 복지부의 『한국의 사회복지 지출 추계』에 나와 있는 2005년 한국의 사회 복지 지출 규모는 국내총생산GDP 대비 9.05%(http://www.index.go.kr/egams/ default.jsp)이지만, 경제협력개발기구OECD가 공식적으로 밝힌 수치는 7.5% 이다(http://stats.oecd.org/index.aspx). 무려 1.55%의 차이를 보이는데, 이러한 차이가 발생하는 가장 큰 이유는 법정 퇴직금의 포함 여부 때문이다. 경제 협력개발기구는 한국의 법정 퇴직금이 임금에 가깝다고 보기 때문에 정년 퇴직자의 법정 퇴직금만 노후 복지 비용으로 인정하고 나머지는 제외하는 반면, 한국 정부는 이를 모두 사회복지 지출에 포함하고 있다(오건호, 2009a: 63). 따라서 경제협력개발기구 기준에 따른 사회복지 지출 통계가 보다 정확한 국제 비교를 가능하게 해 준다고 할 수 있다. 그러나 이 책에 서는 대략의 수준을 확인하는 것이 주요 목적이므로 고경환 외(2007: 114)

회원국 중 복지 후진국이라 불리는 미국(16.59%)이나 일본(18.39%)과 비교해도 약 50% 수준에 그친다는 것을 알 수 있다. 특히 사회복지 지출 수준이 경상 국내총생산 대비 30% 수준인 스웨덴(31.85%), 프랑스(29.08%), 독일(28.40%) 등과 비교하면 한국은 이들 국가의 3분의 1 수준에 불과하다.

〈표 5〉 사회복지 지출 수준의 국제 비교(2003년)

(단위: 경상 GDP 대비 %)

OECD 평균	한국	스웨덴	프랑스	독일	덴마크	영국	네덜란드	일본	미국
21.83	9.09	31.85	29.08	28.40	27.80	21.43	21.38	18.39	16.59

주: 한국은 2005년 자료.
출처: 고경환 외, 2007: 114.

한편, 이러한 사회복지 지출과 관련된 항목들도 간략하게 살펴볼 필요가 있다. 우선 제도의 측면에서 보면 사회보험 지출이 50.3%로 가장 높았고, 기업 복지 23.1%, 공공부조 12.6%, 공공복지서비스 13.1%, 민간복지서비스 0.9% 순으로 나타났다(고경환 외, 2007: 106). 그리고 지출 분야의 측면에서는 건강보험, 의료급여, 산재보험 등 보건 관련이 25조 7,990억 원으로 전체의 35.2%나 되어 가장 높았고, 90% 이상이 법정 퇴직금 등 실업 관련이 17조 6,610억 원으로 24.1%, 특수직역연금이 대부분인 노령 관련이 12조 6,490억 원으로 17.2%였다. 이들 세 분야가 한국 사회복지 지출의 76.5%나 차지하는 것이다(고경환 외, 2007: 105). 또한, 가입자의 기여금으로 유지되는 사회보험과

의 표를 그대로 따랐다. 한편, 지난 2007년 기준 한국의 사회복지 지출은 약 98조 6,500억 원으로 추계되었는데, 이는 경상 국내총생산 대비 10.01% 수준으로 2005년에 비해 소폭 증가했다. 그리고 당시의 경제협력개발기구 평균은 23.9%였다(고경환, 2009).

사실상 임금 범주에 속하는 법정 퇴직금 등의 기업 복지를 제외한다면
공공부조와 공공복지서비스를 합친 정부의 순수한 사회복지 지출은
전체 사회복지 지출의 25.7% 수준에 불과하다.

3.2 한국의 고용 사정, 계속 나빠진다

'09년 청년 고용률은 전년 대비 1.1%p 감소한 40.5%로 외환위기시 ('98년 40.6%) 보다도 낮은 수준(통계작성이래 최저). 청년(15~24세) 고용률은 '09년 22.9%로 OECD평균(40.6%)을 크게 하회하는 수준.
– 고용노동부, 2010: 28

먼저 최근 몇 년간의 고용 관련 지표들을 살펴보기로 하자. 〈표 6〉을 보면, 경제활동 참가율이 꾸준히 하락하고 있다는 것을 알 수 있다. 실제 취업자의 비중을 알 수 있는 고용률 또한 매년 내림세를 보여 주고 있는데, 특히 30대 남성의 고용률은 최근 더욱 큰 폭으로 떨어져 90% 선마저 무너졌다. 더욱 심각한 것은 '구직 단념자'의 급증이다. 이들은 비경제활동인구로 계산되어 정부 통계상의 실업자로 분류되지 않는데, 사실상 실업자나 다름없는 집단이라고 할 수 있다. 양적인 고용 상황만 악화하고 있는 것이 아니다. 36시간 미만 취업자수가 최근 급증하고 있다는 것은 고용의 질 또한 심각하게 악화하고 있다는 것을 뜻한다.

이렇듯 양과 질의 측면 모두에서 고용 사정이 악화하고 있는 것은 과연 경제 위기 혹은 경기 침체에 따른 일시적인 현상에 불과한 것일까? 문제는 그렇지 않다는 데에 있다. 본격적인 산업화가 시작된 1970년대

〈표 6〉 고용 관련 지표 변화 추이

(단위: %, 천 명)

	2004년	2005년	2006년	2007년	2008년	2009년
경제활동 참가율*	62.1	62.0	61.9	61.8	61.5	60.8
전체 고용률	59.8	59.7	59.7	59.8	59.5	58.6
30대 남자 고용률	91.5	91.1	90.6	90.3	90.3	89.1
구직 단념자**	100	125	122	108	119	162
36시간 미만 취업자	2757	2904	2821	2642	3170	3126

* 경제활동 참가율은 15세 이상 전체 인구 가운데 취업자와 실업자를 포함한 경제활동인구의 비율이다.
** '구직 단념자'란 비경제활동인구 중 취업의 의사와 능력은 있으나 노동시장과 관련된 사유로
말미암아 일자리를 구하지 못한 사람 가운데 지난 1년 이내에 구직 경험이 있었던 사람이다.
주: 36시간 미만 취업자의 경우 매년 12월 기준 통계임.
자료: 통계청. 각 년도(2004~2009) 연간 고용동향.

이후부터 최근까지 고용구조 자체가 점차로 고용 창출과 멀어지는
방향으로 변화하고 있기 때문이다. 실제로 1970년대부터 2008년까지
전체 산업의 취업계수Employment to GDP Ratio와 고용탄성치GDP
Elasticity of Employment를 추적해 본 결과 이러한 경향이 분명하게 드러났
다(황수경 외, 2010: 6~8).

여기서는 일단 2000년 이후의 추이들만 더 살펴보기로 하자. 〈그림
8〉에서 보듯이 2007년 한국 전체 산업의 취업계수[28](2005년 불변가격
기준)는 8.2명[29]인데, 취업계수가 2000년의 10.9명 이후 꾸준히 하락해

───────────

28) 취업계수는 산출액 10억 원당 소요되는 취업자수를 가리키는 것이다. 여
기서 취업자수는 피용자수, 자영업자, 무급 가족 종사자의 수를 합한 것이
다. 취업계수는 산업의 고용 흡수력을 보여 주는 가장 대표적인 지표로 쓰
인다.
29) 같은 시점에 주요국의 전체 산업 취업계수를 비교해 보는 것도 의미가 있
다. 2007년을 기준으로 단위를 '명/100만US달러'로 놓으면, 한국 8.6, 미국
6.3(2006년 기준), 일본 6.2, 독일 6.2, 이탈리아 4.2, 네덜란드 4.0 등으로

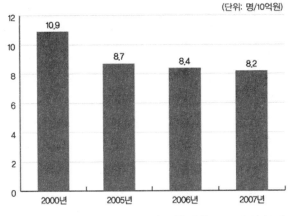

〈그림 8〉 전체 산업 평균 취업계수 추이

(단위: 명/10억원)

자료: 한국은행, 2009: 81의 〈표 7〉.

왔다는 것을 알 수 있다. 그리고 2007년 한국 전체 산업의 평균 고용계수[30](2005년 불변가격 기준)는 5.8명인데, 이는 2000년 7.0명, 2005년 6.1명, 2006년 5.9명에 이어 더 떨어진 수치로, 고용계수 역시 꾸준히 하락해 왔다는 것을 알 수 있다(한국은행, 2009: 84).

그리고 〈표 7〉에서 보듯이 2007년 중 한국 전체 산업의 취업유발계수[31](2005년 불변가격 기준)는 13.9명으로 2000년의 18.1명에 비해 매우 큰 폭으로 하락했다.

이상의 지표들을 통해 확인할 수 있는 바는 한국 경제의 고용

나타났다(한국은행, 2009: 82).

30) 고용계수는 불변가격 산출액 10억 원당 소요되는 피고용자수를 가리키는 것이다.

31) 취업유발계수는 특정 산업 부문에 대한 최종 수요가 10억 원 발생할 때 해당 산업을 포함한 전 산업에서 직간접적으로 유발되는 취업자수를 가리킨다.

〈표 7〉 산업별 취업유발계수 추이

(단위: 명/10억 원)

	2000년	2005년	2006년	2007년
농림어업	62.9	51.1	50.2	46.8
광업	9.8	10.4	10.1	10.3
제조업	13.2	10.1	9.6	9.2
전력·가스·수도	5.3	3.6	3.5	3.5
건설업	17.0	16.6	17.3	16.8
서비스	21.5	18.4	18.2	18.1
산업 전체	18.1	14.7	14.3	13.9

출처: 한국은행, 2009: 89의 〈표 12〉를 재구성함.

창출 능력이 점차로 떨어지고 있다는 사실이다. 여기서 이른바 '고용 없는 성장'이 일시적인 현상이 아니라는 점을 확인할 수 있다. 고용노동부조차도 "경제성장 둔화와 기술진보 산업구조 변화에 따른 우리 경제의 일자리 창출능력 감소와 노동시장 진입이 어려운 취업 취약계층 상존"[32]이라는 현실을 인정하고 있다. 이는 사실 한국 경제에만 해당하는 문제는 아니며, 자본주의사회 일반에서 생산력의 발달에 따른 자연스러운 과정으로 볼 수 있다.

'고용 없는 성장'은 계속된다

물론 20세기 후반에 급성장한 서비스산업이 제조업의 급격한 일자리 감소를 완충해 주는 역할을 해왔기에 아직도 서비스산업의 성장이

---

32) 고용노동부의 사회적기업 웹사이트에 있는 설명 문구이다.
http://www.socialenterprise.go.kr/work/work_what.jsp

고용 창출을 이끌 수 있는 대안이라고 생각하는 사람들도 있다. 하지만 이것이 새로운 정보·통신 기술IT의 서비스산업 진입에 따른 생산성 향상과 이로 말미암은 인력 대체 경향을 근본적으로 넘어서서 완전고용에 다가설 수 있는 대안이 될 수 있다고 보기는 어렵다(Rifkin, [1995]1996: 194). 산업별 취업유발계수를 나타낸 위의 〈표 7〉에서 농림어업이나 제조업에 비해서는 다소 완만하지만 서비스산업 또한 지속적인 내림세를 보여 주고 있다는 것은 이러한 경향의 실재를 증명하는 것이다.

그렇다고 해서 정부가 고용 창출 문제에 대해 아예 손을 놓고 있는 것은 아니고 손을 놓아야 하는 것도 아니다. 정부 또한 실업과 불안정한 노동이 증가하면 증가할수록 사회 통합이 더욱 어려워지기 때문에 일정한 수준에서 이를 관리할 필요성이 있다는 것을 인식하고 있다. 그래서 정부가 임시방편이기는 하지만 '사회적 일자리[33]'나 '희망근로[34]' 등과 같은 대책이라도 마련하기 위해 노력을 기울이는 것이다. 문제는 계속 악화하고 있는 고용 사정을 감안할 때, 이러한 대책이 고용에서의 차별과 배제를 해결하는 대안이 결코 될 수 없다는 점이다. 따라서 소득이 앞으로도 계속해서 오직 '노동소득'으로만 이해된다면, 노동 능력이나 노동 의사가 없는 사람 혹은 노동 능력이나 노동 의사가 있다 하더라도 노동시장으로부터 끊임없이 차별받거나 배제되는 사람은 최소한의 기본적인 생활을 영위하는 것조차 어려울 수밖에 없다.

---

33) 고용노동부가 추진하는 '사회적 일자리 창출 사업'은 앞서 말한 "일자리 창출능력 감소와 노동시장 진입이 어려운 취업 취약계층 상존"이라는 현실을 인정하여 새로운 일자리를 창출하는 비영리 민간단체를 공모하여 6개월에서 1년까지 한시적으로 지원하는 사업이다.

34) 행정안전부가 2009년 6월부터 시행한 '희망근로' 프로젝트는 노동 능력이 있는 취약계층을 대상으로 노동과 연계하여 생계를 지원하는 것으로, 6개월간 현금과 쿠폰을 섞어 월 83만 원을 지급하는 한시적인 사업이다.

3.3 기본소득의 재원, 도처에 있다

> 개발도상국에서는 국내총생산의 6% 이상이 기업 보조금으로 들어간
> 다. 기본소득은 감당하기 어렵다고 주장하거나 기본소득이 사회에 기여
> 하지 않았거나 사회적 책임을 다하지 않은 사람들에게 돌아갈 것이라고
> 주장하는 사람들은 보조금의 이러한 양태를 염두에 두어야만 할 것이다.
> – 가이 스탠딩(Standing, 2009: 303)

　　앞서 살펴보았듯이 기술의 발달과 산업구조의 고도화 등으로 말미
암아 계속 악화하는 고용 현황을 감안하면, 고용에서 배제되는 사람들
은 앞으로 끊임없이 늘어날 수밖에 없다. 소득을 무조건 자본주의적
임금노동에 따른 '노동소득'으로만 전제하거나 어떤 유형의 소득이든
이러한 '임금노동'의 수행과 관련을 짓는다면, 이러한 임금노동을 제대
로 수행하지 못해 적절한 소득을 아예 얻을 수 없거나 부분적으로만
얻을 수 있는 사람들은 시혜나 자선에 의존하지 않고는 도무지 살아갈
방도가 없게 된다. 따라서 선별적이고 시혜적인 복지에서 사각지대
없는 보편적 복지로 나아가는 것과 임금노동을 전제 조건으로 하지
않고 모두에게 소득을 보장하는 것은 한국에서도 매우 시급한 과제로
인식되고 있다. 그리고 이를 해결할 수 있는 가장 단순하면서도 가장
강력한 대안은 바로 기본소득 제도이다.

　　물론 기본소득 제도를 도입하는 과정에서 사회복지 지출의 획기적

인 증대가 전제 조건이 되기 때문에 많은 어려움이 뒤따르는 것은 사실이다. 하지만 보편적 복지를 실현하고 조건 없이 소득을 보장하는 것이 무엇보다 중요하다는 인식을 확보해 나갈 수 있다면, 증세에 대한 저항감은 물론이고 사회복지 지출의 대폭 확대에 대한 반발도 약화시킬 수 있을 것이다.

사회복지 지출, 일단 OECD 평균은 따라잡고 보자

우선 한국이 경제협력개발기구OECD 가입국이기 때문에 사회복지 지출 수준을 최소한 경제협력개발기구 평균에 근접할 수 있도록 해야 한다는 논리는 사회복지 지출 대폭 확대의 정당성을 부분적으로 뒷받침할 수 있다. 지난 2005년 기준 한국의 사회복지 지출 규모를 경제협력개발기구 기준에 따라 당시의 경상 국내총생산 7,920억 달러의 7.5%인 594억 달러로 추정할 때, 이를 경제협력개발기구 평균 21.2%에 맞추기 위해서는 13.7%인 1,085억 달러(약 133조 원)를 증가시켜야 한다는 결론이 나온다. 한국의 사회복지 지출 규모를 경제개발협력기구 평균 수준으로 증가시킨다고 가정할 때 이러한 결과가 나오지만, 2006년을 기준으로 하여 한국의 사회보장 기여금을 포함한 직접세 부담률인 17.1%를 경제개발협력기구 평균 수준인 24.4% 수준으로 높이면 정부의 세입 규모는 171조 5,674억 원에서 254조 8,428억 원으로 약 83조 2,754억 원이 증가하고, 이를 프랑스 수준인 31.6%로 증가시키면 추가적인 재정 수입은 145조 4,851억 원에 이른다(김교성, 2009: 50). 이처럼 한국에서 증세와 사회복지 지출의 대폭 확대는 근거가 없는 것이 아니다.

그런데 이 증가분을 모두 기본소득의 재원으로 사용한다고 하더라도 강남훈 외(2009)의 기본소득 모델에 따라 필요한 예산 약 290조

원에는 턱없이 모자란다. 하지만 이는 김교성(2009)의 기본소득 모델 가운데 전체 국민에게 매달 30만 원을 지급하는 '부분 기본소득Ⅰ'에 필요한 실제 추가 재원[35] 약 140조 원과 매달 20만 원을 지급하는 '부분 기본소득Ⅱ'에 필요한 실제 추가 재원 약 82조 원은 거의 충족할 수 있는 규모이다.

그런데 이처럼 사회복지 지출 수준을 최소한 경제협력개발기구 평균에 근접할 수 있도록 해야 한다는 것은 특별히 진보적인 요구라 할 수 없다. 남들이 하고 있는 만큼이라도 따라가자는 것에 불과하기 때문이다. 그리고 위에서 보았듯이 그것만으로는 충분한 수준의 기본 소득 제도를 실현하기 위한 재원을 마련하기가 어렵다. 따라서 기본소득의 재원 마련 방안으로 신자유주의적 수탈에 대한 '역수탈逆收奪'을 매우 중요하게 고려해야 할 필요성이 있다. 조세제도의 혁신도 신자유주의 수탈 경제를 제어하면서 강력한 소득재분배 효과를 낳을 수 있는 방향으로 이뤄져야 할 것이다.

각종 투기소득과 불로소득 환수해야

신자유주의는 그간 복지를 잔여화·시장화하고 공공재를 사유화· 사영화하는 등 다양한 방식으로 공공의 것을 수탈해 왔기 때문에, 이를 되돌려 놓는 것은 정당할 뿐만 아니라 앞으로 이러한 수탈이 더 이상 이뤄지지 않도록 강력한 제어장치를 마련하는 것도 필요하다. 특히 한국에서는 부동산 시장 등을 통한 막대한 규모의 각종 투기소득 과 불로소득의 발생이 매우 심각한 사회문제가 된 지 오래다. 그렇기

---

35) 실제 추가 재원이라는 것은 기본소득 도입을 위한 총 소요 예산에서 2006 년 현재 정부가 지급한 현금급여액 약 35조 원을 차감한 액수를 말한다(김 교성, 2009: 49).

때문에 이러한 각종 투기소득과 불로소득의 환수는 불가결하다. 그리고 이는 결과적으로 공공의 것을 수탈한 것을 것이므로 다시 공공의 것으로 되돌려놓는 것, 즉 국민 모두의 기본소득을 보장하는 재원으로 충당하는 것은 그 정당성을 충분히 확보할 수 있을 것이다.

<표 8> 지가 총액 및 토지 불로소득 규모 추이

(단위: 100억 원)

구분	1998년	1999년	2000년	2001년	2002년	2003년	2004년	2005년	2006년	2007년	누계*
지가 총액	147,196	135,766	141,071	143,044	148,609	169,281	200,728	239,065	252,574	317,150	
불로 소득	−11,430	5,305	1,973	5,565	20,672	31,447	38,337	13,509	64,576	30,218	200,173
불로 소득 전체 징수 액	828 (−7.2%)	851 (16.0%)	906 (45.9%)	1,017 (18.3%)	1,246 (6.0%)	1,410 (4.5%)	1,510 (3.9%)	1,038 (7.7%)	1,255 (1.9%)	1,539 (5.1%)	11,601 (5.8%)

* 불로소득과 불로소득 전체 징수액의 누계.
** 불로소득 전체 징수액은 취득, 보유, 이전에 대한 세금과 개발 부담금을 합한 액수임.

출처: 변창흠 · 안균오, 2009의 <표 5>와 <표 8>을 재구성함.

위의 <표 8>을 보면, 1998년부터 2007년까지 10년 동안 발생한 토지 불로소득의 규모는 총 2,002조 원가량이다. 하지만 같은 기간의 각종 세금 및 개발 부담금을 통한 환수 규모는 약 116조 원에 불과하여, 환수 비율이 5.8% 수준인 것으로 드러났다. 결과적으로, 지난 10년 동안 생긴 토지 소득 약 2,002조 원 가운데 각종 세금과 개발 부담금을 제외한 약 1,886조 원이 모두 토지 소유자들에게 불로소득으로 흘러들어간 것이다. 연평균 약 200조 원 규모의 토지 불로소득이 생겼다는 말인데, 이 중 절반만 매년 환수한다고 가정하더라도 연간 100조 원가량의 재원을 새롭게 마련할 수 있는 셈이다. 공공재인 토지를 통해 발생한 막대한 규모의 불로소득을 공공의 것으로 환원하여 기본소득의 재원으로 추가한다면, 충분한 수준의 기본소득을 국민 모두에게 지급하는 것이 가능하다.

다양한 기본소득 재원 마련 방안

여기서는 기본소득의 재원 마련 방안으로 우선 각종 투기소득과 불로소득에 대한 중과세를 중심으로 한 직접세[36] 인상을 주장했다. 그런데 기본소득 지지자들의 입장에 따라 재원 마련 방안이 매우 다양하다. 가장 크게는, 조세를 재원으로 하는 방안과 조세 이외의 수단을 재원으로 하는 방안으로 나눌 수 있다.

먼저, 조세를 재원으로 하는 방안은 다시 크게 두 가지로 나눌 수 있다. 하나는 상당수의 기본소득 지지자들이 주장하는 소득세 중심 방안이고, 다른 하나는 제임스 로버트슨(Robertson, 1996) 등이 주장하는 소비세 중심 방안이다. 물론 소득세와 소비세를 적절히 결합하자는 주장도 있다. 예를 들어, 알론소 마드리갈과 레이 페레즈는 기본소득 재원을 마련할 필요성 때문만이 아니라 부가가치세를 누진성을 지닌 보다 공정한 세금으로 만들기 위해 기본소득과 결합된 부가가치세를 부과하자고 주장한다. 이들은 누진적인 개인 소득세와 더불어 기본소득과 결합된 부가가치세가 도입된다면 보다 공정한 조세 원칙을 실현할 수 있을 뿐만 아니라 기본소득이 이러한 공정한 조세제도의 본질적인

---

36) 직접세는 일반적으로 납세의무자와 조세부담자가 일치하여 조세부담이 타인에게 전가되지 않는 조세를 일컫는데, 여기서는 이러한 일반적 정의를 따른다. 한편, 한국의 현행 조세체계에서 직접세는 지방세와 구분되는 국세의 하나인 내국세의 일부이며, 소득세, 법인세, 상속세, 증여세 등이 이에 해당한다. 지방세의 하나인 재산세와 국세의 하나인 종합부동산세 등은 한국의 현행 조세체계에 따르면 직접세가 아니지만, 직접세의 일반적인 정의에는 부합하는 조세여서, 여기서 말하는 '직접세'에는 포함된다.

구성 요소가 될 수 있다고 본다(Alonso Madrigal et al., 2008). 한편, 야마모리 도루는 이처럼 조세를 재원으로 하는 방안을 세분하여 '정률소득세파', '재분배 중시파', '소비세파', '환경 중시파' 등으로 분류하기도 한다(山森亮, 2009: 221~227).

다음으로, 조세 이외의 수단을 재원으로 하는 여러 가지 방안이 있다. 별도의 기금을 마련하고 그 기금으로부터 나오는 수익을 배당하는 방안이 가장 대표적이다. 이는 다시 석유 등의 자연 자원으로부터 나오는 수익으로 기금을 마련하는 방안과 그 밖의 공동체 자산을 원천으로 기금을 마련하는 방안으로 나눌 수 있다. 가이 스탠딩은 후자를 통해 마련된 기금으로부터 지급되는 기본소득을 '공동체 자산 급여Community Capital Grant'라고 부른다. 그는 공동체의 자산을 기초로 한 기금의 형성과 기본소득 지급을 통해, 민주주의와 참여에 기초한 기업 지배 구조 재편을 이룩하고 실질적인 민주주의, 즉 경제적 민주주의의 확장 및 실질적인 자산 분배를 촉진하자고 주장한다(Standing, 2006a: 189~192). 그는 또한 현재 40개국 이상에서 석유 및 다른 국가 자원 등에 대한 수익을 통해 형성된 기금이 존재한다면서, 이것을 더욱 확장하여 생태적이고 윤리적인 사회적 투자의 수단으로 활용한다면, 이렇게 형성된 '국가 자산 기금sovereign wealth funds 또는 national capital funds'을 통해 기본소득의 주요 재원을 마련할 수 있다고 본다(Standing, 2009: 302~303; 2010: 17~18).

이 밖에도 더글러스의 주장처럼 기본소득('국민배당')의 재원을 세금이 아닌 '공공 통화'의 발행으로 마련할 수 있다는 의견도 있다(関曠野, [2009]2009: 169~170). 마지막으로, 이들 각각의 방안을 혼합한 형태도 있다.

한편, 각종 투기소득과 불로소득에 대한 중과세를 중심으로 한 직접세 인상 주장에 대한 비판은 크게 두 가지가 있다. 하나는 기본소득

<표 9> 기본소득의 재원 마련 방안

재원	구체적 방안	대표적인 모델
조세	소득세 중심	독일의 좌파당 기본소득연방연구회의 기본소득 모델
	소비세 중심	독일 괴츠 베르너의 기본소득 모델
비非조세	자연 자원 수익을 통한 기금 마련	미국 알래스카 주의 영구기금 배당 모델
	공공 통화 발행	더글러스의 국민배당 모델
조세와 비非조세의 혼합	조세, 자연 자원, 연방 정부 자산 수익 등을 통한 기금 마련	브라질의 시민기본소득 모델

의 재원 마련을 위해 각종 투기소득과 불로소득 자체를 앞으로도 계속 원천적으로 인정하자는 것이냐는 비판이고, 다른 하나는 이에 대한 중과세로 투기소득과 불로소득이 점점 줄어들거나 사라져 재원 마련의 원천이 고갈되면 어떤 대안이 있느냐는 비판이다.

전자의 비판은 사실 자본주의의 착취와 수탈을 제어하고 감소시키려는 노력이 자본주의적 착취와 수탈 자체의 폐지를 목표로 하지 않고 있어서 문제라는 식의 비판과 동일한 것이다. 이러한 비판은 단지 원리의 선언에만 그칠 뿐 이를 벗어나 실천적 함의를 갖기는 어렵다.

후자의 비판은 사실 크게 걱정할 일이 아니다. 투기소득과 불로소득이 줄어들거나 사라지는 것은 걱정해야 할 일이 아니라 정당한 일이며 더욱 촉진해야 할 일이다. 이러한 종류의 소득이 사라진다고 하더라도 사회적 부의 총량은 일정하게 유지된다. 그리고 이를 재분배하기 위한 적절한 방안을 마련하는 것은 어쩌면 기술적으로 단순한 문제일 수도 있다. 물론 이러한 방안을 단순히 재분배의 문제로 접근하는 것이 아니라 사회 구조 자체의 개혁 프로그램과 연동하여 사고할 경우에는 응당 더욱 많은 연구가 필요할 것이다.

3.4 노동 패러다임과 복지 패러다임, 싹 바꾸자

이러한 지배적 힘들이 노동 중심적인 규범적 신념 체계에 기초한 계급
간 동맹을 구축해 왔다. 이러한 신념 체계는 사회경제적 현실의 분명한
변화의 충격 속에도 거의 면역이 된 것처럼 보인다.
— 클라우스 오페(Offe, 2001: 114)

　　기본소득의 도입에서 무엇보다 가장 중요한 과제는 패러다임 전환
에 대한 국민적 공감대 형성과 이를 정책과 제도의 수준에서 실현할
수 있는 정치적 역량의 형성일 것이다. 그러나 이전의 낡은 패러다임을
새로운 패러다임으로 바꾸는 문제는 그리 간단하고 쉬운 일이 아니다.
패러다임 개념의 발전에 이바지한 토머스 쿤이 강조했던 것처럼 새로운
패러다임이 다수의 지지를 얻어 낡은 패러다임을 대체하기 위해서는
다음 두 가지 중요한 조건이 갖춰져야 한다. 첫째, 이 새로운 패러다임이
다른 방법으로는 도무지 해결할 수 없는 몇몇 두드러진 그리고 일반적
으로 인식된 문제들을 해결할 수 있다는 확신을 주어야 한다. 둘째,
이 새로운 패러다임은 선행자들에 의해 축적되어 온 구체적인 문제
해결 능력 가운데 상당 부분을 보존한다는 것을 기약해야 한다(Kuhn,
1962: 169). 이런 관점에서 볼 때, 패러다임의 전환은 무에서 유를
창조하는 것이 아니라 질적 전환의 측면과 계승 및 발전의 측면이

공존하는 것이라고 할 수 있다.

이중의 장벽을 넘어 '트로이의 목마'로

기본소득 제도의 도입을 위한 패러다임 전환과 관련하여 중요한 두 가지 축은 앞에서 이미 살펴보았다. 하나는 기존의 임금노동형 완전고용 패러다임을 '사회적 필요노동 패러다임'으로 전환하는 것이고, 다른 하나는 기존의 선별적, 시혜적 복지 패러다임을 '보편적 복지 패러다임'으로 전환하는 것이다.

전자에서의 핵심은 완전고용이 이제는 실현될 수 없다는 점을 인식하는 것과 함께 노동과 소득의 연계가 아닌 분리를 현실로 받아들여야 한다는 것이다. 이것은 또한 기존 노동 패러다임에 대한 비판에 머무는 것이 아니라 새로운 노동 패러다임의 창출과 맞물린 것이다. 그러나 이는 진보 및 개혁 진영과 보수 진영 모두로부터 공격을 받고 있는데, 진보 및 개혁 진영은 케인스주의 복지국가 시절에 가능했던 완전고용에 대한 향수 혹은 생산 및 임금노동 중심적 사고 때문에 임금노동형 완전고용 패러다임에서 벗어나기를 주저하거나 거부하고 있다. 반면, 보수 진영에서는 노동과 소득의 연계 자체를 끊어내는 것은커녕 노동과 소득, 노동과 복지의 연계를 오히려 강화해야 한다고 계속해서 주장하고 있다. 그러므로 이러한 이중의 장벽을 넘어서기가 그리 쉬운 일은 아니다.

복지 패러다임의 전환과 관련해서도 마찬가지로 이중의 장벽이 가로막고 있다. 진보와 보수를 막론하고 아직 많은 사람은 복지가 사회적 약자에 대한 사회적 연대의 원리이며, 따라서 보편적인 자격이 아니라 개별적인 사회 구성원의 특수한 처지와 관련된 문제라고 생각하고 있기 때문이다. 그러나 보편적 복지 패러다임은 민주주의의 원리와 마찬가지로 '연대의 원리'가 아닌 '평등의 원리', 그리고 '특수한 자격'의 문제가 아닌 '보편적 자격'의 문제로 복지를 바라보는 것이다. 언뜻 보면 복지에 대한 보수 진영의 관점과 최소한 사회적 약자에 대한 연대로서 복지를 파악하는 관점 사이에 큰 차이가 있는 것처럼 보일 수도 있으나, 보편적 복지 패러다임의 관점에서 본다면 이 둘 사이에는 원리상의 동질성이 발견된다. 차별성은 단지 복지 재원을 얼마만큼 마련할 것인가 또는 어떤 방식으로 조달할 것인가 등의 문제들에서 나타날 뿐이다. 이렇듯 사회연대의 복지 이념은 본질적으로 시혜성과 선별성을 벗어날 수 없으며, 복지나 공공서비스를 시민이라는 보편적 자격에 입각한 권리로서 파악하는 것을 방해하는 역할을 할 수도 있다. 반면, 보편적 복지 패러다임에 입각할 경우, 복지는 국민 모두에게 공통으로 보장되어야 할 어떤 것으로서 국민주권의 전제 조건으로 파악하는 것이 가능하다.

이러한 패러다임 전환의 필요성을 강조하는 것의 밑바탕에는 대안 사회에 대한 갈망이 자리하고 있다. 기본소득 지지자 상당수는 '능력에 따라 일하고, 필요에 따라 분배받는' 사회로 다가갈 수 있는 디딤돌로 기본소득을 바라보고 있다. 한편, 진보 진영 내에서는 기본소득의 이러한 위상 때문에 여러 다양한 논쟁이 불붙기도 한다. 아무튼, 상당수의 지지자는 기본소득이 대안 사회를 향한 '트로이의 목마'가 될 수 있다고 보며, 또 그렇게 되도록 노력해야 한다고 역설한다.

그리고 남아 있는 과제들

이번에는 좀 더 구체적인 과제들을 들여다보자.

우선 기본소득 제도 실현의 가능성의 문제가 정치적 조건과 관련하여 제기된다. 사실 현재의 정권이 돌변하지 않는 이상, 기본소득 제도의 실제적 도입은 그 제도를 지지하는 정권의 창출을 전제로 한 집권 후 프로그램으로서의 위상을 가질 수밖에 없다. 브라질에서의 기본소득 제도 도입 계획도 그러한 전제가 충족되었기에 가능했다. 그렇다면 기본소득을 지지하는 정당이 집권하기 전까지는 가만히 손을 놓고 있어야만 하는가? 그것은 아니다. 기본소득은 집권 후 프로그램이기도 하지만 집권을 위한 프로그램이 될 수 있고, 그 프로그램으로 대다수 국민의 지지를 이끌어낼 수 있어야만 실현을 앞당길 수 있다.

다음으로, 기본소득을 적극적으로 지지하는 사회 세력이나 기반을 구축하는 문제가 있다. 나라마다 다소 편차는 있지만, 한국을 비롯해 기본소득지구네트워크의 가맹 조직이 활동하는 나라들에서도 기본소득 지지자들의 다수는 아직까지 지식인이나 정당 및 사회단체의 활동가들이다. 기본소득 제도가 적극적인 사회개혁 프로그램으로 성공하기 위해서는 보다 폭넓은 지지 대중을 얻는 것이 필수적이다.

외국의 사례를 보면, 대표적인 대중조직 가운데 하나인 노동조합이 나서서 기본소득을 적극적으로 지지한 경우도 있다. 유럽에서 가장 두드러진 사례는 네덜란드노총FNV 소속의 식품 분야 노동조합인 식품조합Voedingsbond이다. 조합원들 가운데 예외적으로 여성과 시간제 노동자들이 높은 비율을 차지하고 있었던 이 식품조합은 1980년대 전반에 걸쳐 네덜란드의 기본소득 운동에서 중요한 역할을 했다. 이 조합은 과감한 노동시간 단축과 결합한 조건 없는 기본소득을 지지하는 실천을 전개하기도 했다(Vanderborght, 2004: 11~12; 2006: 14~16). 유럽 이외의 지역에서 가장 대표적인 사례는 남아프리카공화국노동조합회의COSATU이다. 이 조직은 1990년대 중후반부터 기본소득에 대해 적극적인 관심을 갖기 시작했고, 진보적인 조세개혁을 동반하는 기본소득을 강력히 주장해 왔다. 그리고 기본소득은 사회경제적 변혁을 지향하는 이 조직의 강령에서 핵심적인 지위를 차지하고 있다(Standing et al., 2003: viii~x).

하지만 이러한 흐름은 아직 일부에 그칠 뿐이다. 비정규직 노동자, 빈민, 여성, 장애인 등의 조합이나 단체에서 상대적으로 큰 관심을 보이고 있는 정도이다. 다른 제도나 정책의 확산에 있어서도 마찬가지이지만 적극적인 지지층을 확보하는 것은 매우 중요한 과제이다. 따라서 기본소득 제도의 실현을 위해서는 지지층 확보를 위한 계획이 반드시 수립되어야 한다.

특히 가장 큰 대중조직인 노동조합이 기본소득을 지지하는 대열의 선두에 설 수 있도록 노력해야 한다. 가이 스탠딩도 노동조합의 적극적인 역할을 매우 강조하고 있다. 그는 사회 구성원 모두의 권리를 보호하고 이를 진전시킬 수 있는 강한 조직이 없다면 대중이 더욱더 불안정한 삶으로 내몰릴 수밖에 없기 때문에, 강한 노동조합이 여전히 중요하다고 본다. 하지만 제2차 세계대전 이후 자본주의의 황금기에 강력한 힘을 유지할 수 있었던 노동조합이 그 힘과 호소력을 상실한 지금, 노동조합은 대중에게 호소할 수 있는 수단을 새롭게 찾아야 하는데, 이를 위해서는 노동조합이 경제적 안정과 재분배를 위한 전략의 일환인 기본소득의 쟁취를 위해 앞장서 싸우는 길밖에 없다고 본다(Standing, 2006b: 1).

유럽의 노동조합들을 들여다보면, 기본소득에 대한 반응은 두 가지 측면에서 매우 상반되었다. 우선, 기본소득 제도와 노동조합의 영향력의 관계와 관련하여, 기본소득이 노동조합의 힘을 약화시킨다고 보는 견해에서는 기본소득에 대해 매우 부정적인 반응을 보였고 거꾸로 노동조합의 힘을 강화시킬 수 있다고 보는 견해에서는 매우 긍정적인 반응을 보였다. 또한, 비정규직 노동자나 실업자는 자신의 처지에서 볼 때 기본소득의 도입이 긍정적인 영향을 줄 것으로 생각하여 적극적인 지지를 보냈지만, 정규직 노동자는 이에 대해 무관심하거나 반대하는 경향을 나타냈다. 따라서 노동조합의 폭넓은 지지를 얻기 위해서는 기본소득이 노동조합에 미칠 수 있는 부정적인 측면에 대한 우려를 불식시키는 노력, 그리고 상대적으로 안정적인 일자리와 소득이 보장된 정규직 노동자를 설득하기 위한 구체적인 노력이 필요하다. 이에 대해 보다 분명한 근거들을 제시하면서 적극적인 설득 노력을 기울일 때 기본소득은 보다 폭넓은 사회적 지지를 얻을 수 있을 것이다.

기본소득 제도의 도입 과정에서는 기존 제도의 이해관계자들을 설득하는 문제가 발생할 것이다. 기존의 공공부조는 기본소득으로 통합하는 것을 기본으로 하고, 사회보험 가운데 국민연금의 경우에도 기본소득으로 통합하되 기존 가입자가 낸 보험료는 적절한 방식으로 보전해 주는 방안을 마련하는 것이 필요하다. 이 과정에서 국민연금과 비교하면 특혜에 해당되는 공무원연금, 군인연금, 사립학교교직원연금 등의 특수직역연금 또한 기본소득으로 통합하는 것이 바람직할 것이다. 문제는 기존 연금 수혜자들의 반발 가능성이다. 원금과 기대수익 실현 사이에서 기존 연금 납부자들의 반발을 최소화할 수 있는 균형점을 찾아야 할 것이다. 또 하나의 과제는 연금 관련 기관 종사자들의 고용을 보장하는 문제인데, 최소한 복지 혹은 공공서비스 영역에서 사회적 일자리를 창출함으로써 그 해법을 찾아야 한다.

기본소득과 기본복지의 결합

마지막으로는 기본소득[37]과 기본복지의 결합 문제가 있다.

---

37) 82쪽에서 밝힌 바와 같이 기본소득을 현금기본소득과 현물기본소득으로 구분할 수 있지만, 여기서 말하는 기본소득은 현금기본소득이다. 현물과 관련된 교육이나 의료 등의 영역은 기본복지 영역에서 이루어진다고 전제하기 때문이다.

기본소득 제도 도입을 우려하는 의견 가운데 가장 영향력 있는 것은 의료, 교육, 주거 등의 기본복지도 제대로 되어 있지 않은 한국의 상황에서 기본소득을 도입하자는 것은 기존의 부족한 기본복지마저도 훼손할 수 있는 것 아니냐는 문제 제기이다. 재원이 마련된다면 우선 기본복지에 사용하는 것이 바람직하다는 주장도 이러한 맥락에서 제기된다. 게다가 기본소득 지지자들 가운데 기존의 기본복지를 일정하게 허물고 이를 기본소득으로 대체하자고 주장하는 사람도 극소수이긴 하나 일부 존재하기 때문에 이러한 우려가 더 커지기도 한다. 그러나 대다수의 기본소득 지지자들은 기존 복지국가의 해체에 반대하며 기본소득과 기본복지의 결합을 강력하게 지지하고 있다.

물론 기본소득과 기본복지를 결합시키는 문제가 그렇게 간단한 일은 아니다. 그렇지만 이 둘 사이에 건널 수 없는 강이 존재하는 것도 아니다. 앞서 언급했던 것처럼 기본소득의 전제가 되는 보편적 복지 패러다임의 확립은 기본복지의 강화를 위한 튼튼한 토대가 된다. 또한 기본복지를 위한 재원은 기본소득의 재원에 비해 상대적으로 규모가 작으므로, 기본소득의 재원을 마련하는 과정에서 기본복지를 위한 재정을 확보하는 것이 오히려 더 쉬울 수도 있다. 한편, 기본복지 가운데 고용보험이나 산재보험의 경우에는 노동 사회의 안정성을 위하여 현행 틀은 유지하되 사각지대를 없앰으로써 보편적 성격을 더욱 강화하고, 건강보험의 경우에는 사각지대의 발생 자체를 없애기 위해 재원을 조세로 마련하여 의료 서비스를 보편적으로 보장하고 그 수준을 높이는 방향으로 개혁하는 방안을 검토하는 것이 필요하다.

3.5 상상을 현실로 만들기 위해

저는 이런 꿈을 갖고 있습니다. 어느 날 사람들이 서로에게 이렇게 말하는 겁니다. "옛날 옛적에, 먼 옛날에 사람들이 기본소득과 함께하는 삶을 상상할 수 없었다고 한 번 상상해 보세요. 지금 우리는 기본소득이 없는 삶을 상상할 수가 없습니다."

― 카트야 키핑(Kipping, 2008: 5)

한국에서 기본소득은 아직 소개 단계이기 때문에 사회적 의제로까지 크게 떠오른 것은 아니지만, 관심이 점차 늘어가고 있는 추세여서 조만간 사회적 논쟁의 대상이 될 가능성이 크다. 진보적 정당들 가운데에는 사회당이 가장 적극적인 관심과 노력을 기울이고 있다. 사회당은 2009년 2월 1일 제42차 중앙위원회에서 특별위원회 형태로 기본소득위원회를 설치하고, 같은 해 11월 29일에 열린 제13차 당대회에서는 「사회 구성원 모두의 기본소득과 보편적 복지를 위하여」라는 제목의 부속 강령을 채택했다. 민주노동당과 진보신당도 토론회를 개최하는 등 점차 관심을 나타내고 있다.

기본소득은 비정규직 노동자, 실업자, 여성, 장애인 등 모든 사회적 약자와 소수자들이 전면에 함께 나설 수 있는 훌륭한 연결 고리가 될 수 있다. 2010년 1월 29일 사회당 장애인위원회가 주관한 '기본소득과 장애인' 토론회, 3월 8일 기본소득한국네트워크와 사회당이 공동으

로 주관한 '기본소득과 여성' 토론회, 4월 27일 기본소득울산네트워크
(준)와 『울산노동뉴스』가 공동으로 주최한 '기본소득과 장애인' 좌담
회 등은 이러한 가능성을 엿볼 수 있는 계기가 되었다. 또한 기본소득은
보편적 의제를 받아들이고 폭넓은 연대의 의지가 있는 모든 대중조직이
함께할 수 있는 유력한 매개이기도 하다. 물론 가능성과 현실성 사이에
는 큰 틈새가 있기 때문에 이를 좁히기 위해 매우 적극적인 노력이
필요할 것이다.

한편, 노동조합이 기본소득을 어떻게 바라보는가도 매우 중요하다.
노동조합을 배제하고 기본소득 운동이 성공하기는 어렵기 때문이다.
노동조합을 설득하고 동의를 이끌어내 기본소득의 주요 지지 기반으로
만들 수 있어야 실현 가능성이 커진다. 유럽에서는 이 과정에서 많은
충돌과 논쟁이 있었다. 한국에서는 시작 단계이므로 아직 그러한 일이
일어나지 않고 있지만, 앞으로 기본소득 운동의 전개 양상에 따라
그러한 현상이 충분히 나타날 수도 있을 것이다. 물론 논쟁이 된다는
것 자체는 그만큼의 관심을 반영하는 것이니만큼 환영할 일이다. 다만,
유럽에서의 논쟁 경험을 살피면서 한국에서의 논쟁이 좀 더 생산적이고
발전적인 방향으로 나아갈 수 있도록 해야 할 것이다.

기본소득을 논할 때 주장자들과 비판자들 모두에게 가장 크게
제기되는 문제는 바로 실현 가능성이다. 하지만 실현 가능성에 대한
회의를 이유로 자꾸만 머뭇거리면 실현 가능성은 더욱더 적어질 것이
다. 기본소득을 도입하기 위해서는 복지 패러다임과 노동 패러다임의
근본적 전환은 물론 조세제도의 혁신 등을 비롯하여 연동된 많은
과제를 해결해야 한다. 이러한 전환과 과제의 해결이 쉬운 일은 아니지
만, 기본소득이 현재의 사회 위기 속에서 하나의 유력한 사회 대안이자
경제 대안으로 충분히 주목할 만한 것이라면 과감하게 부딪혀 보는
것이 필요하다. 앞서 살펴보았듯이 기본소득은 단순히 복지 정책에

머무르지 않는다. 기본소득의 도입에 앞서 필요한 패러다임의 전환은 그 거시적이고 심층적인 성격 때문에 대안 사회를 지향하는 사회 재구성의 성격을 띠고 있다. 그래서 기본소득은 집권을 위한 프로그램이자 집권 후 프로그램일 뿐만 아니라 더욱 광범위한 정치 프로젝트로서의 성격을 지니고 있다.

이러한 조건이 어느 정도 갖추어진다고 하더라도 기본소득 모델의 즉각적이고 전면적인 도입이 그리 쉬운 일만은 아니다. 따라서 기본소득의 단계적인 도입 혹은 확산 전략을 사고하는 것도 필요하다. 일거에 기본소득 제도가 순조롭게 도입될 수 있다면 가장 바람직하겠지만, 그것이 어려운 상황에서 기본소득 제도의 근본 취지와 들어맞을 수 있는 여러 다양한 제도의 실현에 집중하는 것도 패러다임 전환의 관점에서 충분히 의미 있는 일이다. 오히려 그러한 영역을 확산시킴으로써 포위 또는 압박의 전략을 구사하는 방법도 적극적으로 사고해 볼 수 있다. 예를 들어, 현존하는 다양한 수당 및 급여 제도가 지닌 자산 심사의 문제점을 지적하고 이를 가능한 한 완화하기 위한 노력, 또는 현행 기초노령연금과 장애인연금[38] 등을 온전한 사회수당으로 발전시키기 위한 노력은 큰 의미가 있다. 또한, 2010년 6월의 전국동시 지방선거를 앞두고 사회적 의제로 급부상한 무상급식 문제는 저소득층 학생들에 대한 기존의 선별적인 학교급식 지원을 보편적인 무상급식으로 전환하자는 광범위한 운동의 결과로 나타난 것인데, 이는 보편적 교육 복지의 구현이란 측면에서뿐만 아니라 기본소득의 토대가 되는 패러다임의 확산이라는 측면에서도 매우 중요한 의미를 지닌다.

한편, 기본소득은 일국적 수준의 주장에 그치는 것이 아니다. 기본소득 구상의 바탕에 깔린 빈곤으로부터의 탈피, 자유, 평등 등과 같은

---

38) 이에 대해서는 이 책의 제4장 「기본소득, 장애인과 만나다」에서 자세히 다루고 있다.

보편적 가치들에는 국경이 존재하지 않기 때문이다. 그러므로 기본소득 지지자들이 지구적 차원의 불평등과 빈곤의 해소 문제에 주목하며 지구적 차원의 기본소득 실현을 논의하는 것은 매우 자연스러운 현상이다. 예를 들어, 지구기본소득재단Global Basic Income Foundation은 웹사이트(http://www.globalincome.org)를 통해 '지구 기본소득'을 촉구하는 캠페인을 벌이고 있으며, 이와 관련한 논의 가운데 대표적인 것으로는 마이론 프랭크만과 하이너 미헬 등의 것이 있다(Frankman, 2002, 2004, 2008; Michel, 2008). 지구적 정의의 차원뿐만 아니라 생태적 지속 가능성의 문제에 천착하는 기본소득의 흐름도 지구적 책임감을 깊이 인식하며 이러한 지구적 사고를 주장하고 있는데, 에릭 크리스텐슨은 이러한 흐름을 개괄적으로 소개하고 있다(Christensen, 2008).

기본소득은 이미 세계적인 공감대를 폭넓게 형성하고 있다. 2010년 현재 아르헨티나, 오스트레일리아, 오스트리아, 브라질, 캐나다, 덴마크, 독일, 아일랜드, 이탈리아, 일본, 한국, 멕시코, 네덜란드, 스페인, 스위스, 영국, 미국 등 모두 17개 국가의 기본소득네트워크를 가맹 조직으로 둔 기본소득지구네트워크가 활동하고 있다. 2009년 6월에 출범한 기본소득한국네트워크는 2010년 7월 2일 브라질 상파울루에서 개최된 기본소득지구네트워크 총회에서 가맹 조직으로 승인을 받아 가장 나중에 이 흐름에 합류한 기본소득네트워크가 되었다. 그 밖의 여러 나라에서도 기본소득 지지자들의 활동이 점차 활발해지고 있어 기본소득지구네트워크 가맹 조직은 앞으로 더욱 늘어날 것으로 보인다. 이는 기본소득이 그만큼 세계사적 과제의 하나가 되어 가고 있다는 뜻이다. 또한 일부 국가에서는 이미 시행을 앞두고 있거나 실험 프로젝트를 진행한 적도 있기 때문에 기본소득이 단지 공상적 아이디어에 불과하다는 비판도 점차 설득력을 잃을 수밖에 없다.

그렇다 하더라도 한국에서 기본소득 제도의 실현에 이르기까지는 매우 어려운 과정들이 놓여 있을 것이다. 기본소득 제도가 한국 사회의 현실을 바꾸기 위해 무엇보다 필요할 뿐만 아니라 적합한 제도라는 국민적 공감대를 형성하는 것이 급선무이다. 물론 이를 위해서는 재원 마련 방법과 복지 체계의 대전환 등에 대한 청사진을 더욱 세밀하고 설득력 있게 작성해야 한다. 기본소득 제도의 실현을 앞당기기 위해서는 기본소득을 지지하는 정당과 사회 세력의 정치적 역량을 키우는 것도 매우 중요한 과제이다.

기본소득은 앞서 살펴보았듯이 일국적 차원에서 하나의 제도를 실현하는 것 그 이상의 의미를 지닌다. 이미 영토적으로 일국적 차원을 넘어설 뿐만 아니라 세계사적 차원을 갖고 있다는 것이다. 반 빠레이스가 강조했듯이 19세기와 20세기를 각각 대표하는 가장 커다란 사건이 노예제의 폐지와 보통선거권의 확립이었다면, 21세기에 가장 커다란 획을 긋는 사건은 바로 기본소득 제도의 확립이 될 것이기 때문이다 (Suplicy, 2006: 37).

제4장 기본소득, 장애인과 만나다

4.1 한국의 장애인복지, 더 이상 내려갈 곳 없다

　2008년 보건복지부의 조사에 따르면, 한국의 장애인 가구 월평균 소득은 181만 9천 원으로 전국 가구 월평균 소득 337만 원의 54%에 불과하다. 한국의 국내총생산 대비 장애인 관련 예산의 비율은 경제협력개발기구 회원국 가운데 꼴찌 수준이다. 2010년 4월 19일 노동부와 한국장애인고용촉진공단이 밝힌 자료에 따르면, 2005년 한국의 국내총생산 대비 장애인 관련 예산 비율은 0.1%에 불과했다. 경제개발협력기구 국가 평균은 이보다 무려 12배나 많은 1.2%였다. 장애급여[39] 수급율과 국내총생산 대비 장애급여 지출 비율 또한 경제협력개발기구 국가 가운데 최하위권에 머물고 있다. 그리고 2008년 장애인 고용패널 조사 결과에 따르면, 한국의 장애인 경제활동 참가율은 2008년 말 현재 45.8%에 불과하다.

　국민연금의 상황을 보자. 국민 전체로 볼 때 국민연금 미가입률은

---

39) 장애와 관련된 연금과 수당 등을 통칭 '장애급여'라 한다.

20% 수준임에 반해 장애인의 국민연금 미가입률은 60%가 훨씬 넘는다. 2007년 12월을 기준으로 할 때 「국민연금법」상의 장애연금 수급권자는 전체 국민연금 수급권자의 3.2%인 72,258명에 불과하다. 장애연금은 법률이 정한 장애등급(1~4등급)에 따라 차등 지급되는데, 2007년 기준으로 보면 장애등급 1급의 경우에 월평균 연금액이 406,004원이어서 같은 해 1인 가구 최저생계비 435,921원에도 미치지 못하는 것으로 드러났다. 그런데 이마저도 연금 하향 조정에 발맞춰 감소 추세에 있는 것이 현실이다. 그리고 2005년 보건복지부의 장애인 실태 조사에 의하면, 장애인의 2.7%만이 법률이 정한 장애연금을 받고 있는 것으로 나타났고, 공적 연금 전체를 포함하면 전체 장애인의 9.5%만이 연금을 받고 있는 것으로 나타났다. 또한 공적 연금 전체로부터 배제된 장애인은 무려 73%에 이른다(우주형, 2009: 137~138).

장애인에게는 비장애인과는 달리 살아가는 데 꼭 필요한 별도의 비용이 필요하다. 정기적인 의료 재활과 직업 재활에 필요한 비용, 휠체어 같은 보조 기구를 유지하는 데 들어가는 비용 등을 '추가 비용'이라고 부른다. 2008년 보건복지부의 장애인 실태 조사에 따르면, 〈표 10〉에서 보듯이 장애인의 월평균 추가 비용은 약 15만 9천 원(중증장애인 20만 8천 원, 경증장애인 13만 7천 원)에 달하는 것으로 나타났다. 물론 이 금액은 장애 유형에 따라 큰 차이가 있다. 간질 장애가 있는 장애인의

〈표 10〉 장애 유형에 따른 월평균 추가 비용

(단위: 천 원)

지체 장애	뇌병변 장애	시각 장애	청각 장애	언어 장애	지적 장애	자폐성 장애	정신 장애	신장 장애	심장 장애	호흡기 장애	간 장애	안면 장애	장루 요루 장애	간질 장애	평균
128	213	57	243	140	207	354	65	334	189	193	871	306	126	87	159

출처: 변용찬 외, 2009: 346의 〈표 5-13-11〉을 재구성함.

월평균 추가 비용은 약 87만 천 원으로 가장 높았고, 시각 장애가 있는 장애인의 월평균 추가 비용은 5만 7천 원으로 가장 낮았다.

그런데 한국의 장애인은 이러한 추가 비용을 제대로 보전 받고 있을까? 전혀 그렇지 못하다. 현재 국민기초생활 보장 수급권자 및 차상위계층인 18세 이상 장애인은 최대 월 13만 원까지 장애수당을 받고 있고, 국민기초생활 보장 수급권자 및 차상위계층인 18세 미만 재가 장애아동 보호자(보호자가 없는 경우에는 장애아동 당사자)는 최대 월 20만 원까지 장애아동수당을 받고 있지만 말이다. 국민기초생활 보장 제도 자체의 광범위한 사각지대 문제는 차치하고라도, 현행 「장애인복지법」은 장애수당이 소득 보전의 목적[40]을 갖고 있으며 장애아동수당과 보호수당만 장애로 인한 추가 비용 보전이 목적이라고 명시하고 있다.[41] 물론, 뒤에서 자세히 살펴보겠지만, 2010년 7월부터 장애인연금이 시행되었고, 그 중 부가급여 부분은 형식적으로나마 추가 비용 보전을 목적으로 한다고 명시되어 있다(「장애인연금법」 제7조). 하지만 그 금액이 턱없이 낮을 뿐만 아니라 장애인연금 수급권자는 기존의 장애수당을 더 이상 받을 수 없다. 그러므로 2010년 현재 한국에서 18세 이상 장애인을 위한 추가 비용 보전 제도는 사실상 없는 것이나 마찬가지다.

---

40) 장애인복지법 제49조(장애수당) ①국가와 지방자치단체는 장애인의 장애 정도와 경제적 수준을 고려하여 장애인의 소득 보전을 위한 장애수당을 지급할 수 있다.

41) 장애인복지법 제50조(장애아동수당과 보호수당) ①국가와 지방자치단체는 장애아동에게 보호자의 경제적 생활수준 및 장애아동의 장애 정도를 고려하여 장애로 인한 추가적 비용을 보전(補塡)하게 하기 위하여 장애아동수당을 지급할 수 있다. ②국가와 지방자치단체는 장애인을 보호하는 보호자에게 그의 경제적 수준과 장애인의 장애 정도를 고려하여 장애로 인한 추가적 비용을 보전하게 하기 위하여 보호수당을 지급할 수 있다.

그 밖에도 여러 장애인복지 제도들이 있기는 하다. 시설 정책과 각종 세제 혜택 및 공공요금 할인 정책들이 주를 이루지만 말이다. 다만, 장애인의 생애 주기에서 가장 중요한 시기인 아동기의 복지 제도 가운데 앞서 언급한 장애아동수당과 보호수당을 제외하고 한 가지 언급할 만한 것은 '재활치료서비스바우처사업'이다. 이는 모든 장애아동에게 제공되는 것이 아니라 전국 가구 평균소득 100% 이하인 가구의 장애아동에게만 제공되고 있다. 현행 각종 바우처 제도[42]의 문제점은 여기서 따로 논하지 않을 것이지만, 재활치료서비스는 모든 장애아동이 누려야 할 보편적인 권리임에도 소득 수준을 기준으로 그 서비스 대상자가 제한되고 있는 것이 문제라는 점만은 꼭 짚고 넘어갈 필요가 있다.

한편, 장애아동을 둔 가구의 월평균 소득은 도시 노동자 가구의 68%에 불과한 반면, 장애로 인해 추가로 발생하는 비용은 10세 미만 아동을 기준으로 할 때 전체 장애인 평균액보다도 2.5배 이상 높은 것이 현실이다(김우남 의원실, 2009). 이처럼 장애아동을 둔 가구는 장애아동을 돌보느라 경제활동에 참여하지 못해 비롯된 경제적 어려움과 각종 영역에서 발생하는 추가 비용 때문에 소득은 적으면서도 지출은 훨씬 많다. 이 때문에 부모가 장애아동을 위해 노후 대책을 마련하는 것은 거의 불가능하다. 실제 2005년 보건복지부의 장애인 실태 조사에 따르면, 부모가 장애아동의 노후 대책을 전혀 마련하지 못하는 비율이 10세 미만은 95.7%, 10세부터 19세 사이는 93.9%에 이르고 있는 것으로 나타났다.

이러한 문제를 조금이라도 해결하고자 지난 2009년 11월 민주당

---

42) 사회서비스 영역에서 많이 활용되고 있는 바우처voucher 제도란 노인, 장애인, 아동, 산모 등 사회서비스를 필요로 하는 사람들에게 일종의 이용권을 발급하여 서비스를 받을 수 있도록 하는 것이다.

김우남 의원이 대표로 '장애아동특별보호연금보험법안'을 발의했다. 이는 사실 이명박 대통령의 공약이기도 했다. 아무튼 부모의 노후 또는 사망 이후 장애아동의 생계 대책을 마련하자는 것이 이 법의 취지이다. 장애아동의 보호자가 생존 중에 매월 일정액의 보험료를 납부하면 국가가 보험 가입자의 경제적 수준에 따라 보험료의 50% 이상을 지원함으로써, 보호자가 부양 능력을 상실했을 때 그 자녀가 연금을 받을 수 있도록 하자는 내용이다. 장애아동의 생활을 보장하는 문제는 장애인 소득 보장 제도 중에서도 가장 시급한 것이기는 하지만, 국가의 지원이 있다 하더라도 본질상 기여형 사회보험의 형태로 이 제도를 도입할 경우에는 사각지대의 발생은 필연적이라는 것이 문제이다. 일정하게 안정적 소득이 있는 장애아동 부모의 경우에는 이 제도로 도움을 받을 수 있겠지만, 그렇지 못한 경우에는 별다른 대책이 없기 때문이다.

장애인연금 도입이 논의된 배경

다시 장애인 일반의 소득 보장 문제로 넘어가 보자. 여기에는 크게 보아 세 가지의 유형이 있다. 기존 사회보험에 포함된 유형, 공공부조로 이루어지는 유형, 보편적 사회수당 방식으로 이루어지는 유형이 그것이다. 사회보험에 포함된 유형은 「국민연금법」 상의 장애연금이 대표적이고, 공공부조로 이루어지는 유형에는 국민기초생활보장 제도가 포괄하는 영역, 장애수당, 장애아동수당, 보호수당 등이 있다. 마지막으로 아무런 기여금이나 심사도 없는 보편적 사회수당 방식의 제도는 한국에 아직 없다.

「국민연금법」 상의 장애연금은 국민연금 가입자로서 가입 기간 중에 장애인이 될 경우에만 혜택을 받는 것이다. 국민연금 미가입자이거나 국민연금 가입 연령인 18세 이전에 장애인이 될 경우에는 대상이 아니다. 그리고 공적 연금 제도에 가입되어 있는 장애인은 현재 추정 장애인의 약 37.5%에 불과하며, 앞서 살펴보았듯이 「국민연금법」 상의 장애연금을 받는 장애인은 2007년 12월을 기준으로 할 때 72,258명이어서 18세 이상 등록 장애인의 3.2% 수준에 불과하다. 나아가 현재의 장애수당 제도는 「국민기초생활 보장법」 상의 수급권자 내지 차상위계층으로 제한되어 있다. 이 장애수당은 장애로 인한 추가 비용을 보전하는 것이 목적이 아니라 소득 보전이 목적이라고 되어 있지만, 실질적인 소득 보전 대책과 거리가 멀다는 것은 이미 잘 알려진 사실이다. 이와 같이 장애인은 현재 사회보험과 공공부조의 혜택을 매우 제한적으로 받고 있고 이것만으로는 대다수 장애인의 기본적인 삶을 보장할 방도가 없기 때문에, 기여금을 내지 않는 연금, 곧 '무기여 연금' 형태의 장애인연금에 대한 논의가 본격화되었던 것이다.

무기여 연금은 앞서 언급한 소득 보장 유형에 따르면, 다시 자산 심사를 통해 연금을 지급하는 공공부조 방식의 연금과 일정 조건을 충족하면 자산 심사 없이 누구에게나 연금을 지급하는 사회수당 방식의 연금으로 구분할 수 있다. 그리고 이것이 병행되는 경우도 있는데, 예를 들어, 캐나다에서 모든 노인은 일단 사회수당 방식의 연금을 받고, 저소득 노인은 공공부조 방식의 연금으로 소득을 보충하며, 그 외에는 소득 비례 방식의 연금으로 소득을 보충하고 있다(우주형, 2009: 146).

2009년 현재 경제협력개발기구 국가 가운데 장애인을 대상으로 한 무기여 연금이 없는 국가는 한국과 오스트리아뿐이다. 하지만 오스트리아에서는 기존의 공공부조 제도에서 장애인이나 노인 등 노동 능력이 없는 수급권자의 경우에는 일반 수급권자보다 훨씬 높은 소득 기준을 적용하고 있기 때문에 사실상 무기여 장애인연금을 운용하는 것과 비슷한 효과를 보고 있다. 따라서 사실상 한국만 유일하게 무기여 장애인연금이 없는 국가라고 할 수 있다.

일본은 1985년에 무기여 장애인연금 제도를 도입했다. 일본의 장애인연금 액수는 등급에 따라 다른데, 2급은 6만 7천 엔(한화로 약 88만 원)을 받고, 1급은 활동보조인이 필요하다는 것을 전제로 25%를 높여 8만 엔이 조금 넘는 액수를 받는다. 일본의 장애인연금에는 장애로 인한 추가 비용의 개념은 들어가 있지 않다(함께걸음, 2009). 그리고 경제협력개발기구 국가 대부분은 국민소득이 1만 3천 달러에서 1만 5천 달러 수준이었을 때 무기여 장애인연금 제도를 도입했는데, 국민소득이 2만 달러에 가까운 한국은 최근에서야 이 제도를 도입했다. 물론 그 내용을 살펴보면, 무기여 장애인연금 제도를 도입했다고 말하기조차 몹시 부끄럽다.

4.2 장애인연금 도입되고 장애인 소득 삭감되고

정부가 2009년 10월 말에 입법 발의한 장애인연금 관련 법안의 정식 명칭은 '중증장애인연금법안'이다. 정부의 이 법안은 2009년 12월 29일에 개최된 제285회 국회(임시회) 제2차 보건복지가족위원회에서 박은수 의원이 소개한 '장애인연금법' 제정에 관한 청원, 박은수 의원이 발의한 '장애인연금법안', 윤석용 의원이 발의한 '중증장애인연금법안과 함께 심사를 받았다. 이때 보건복지가족위원회는 국회법 제51조에 따라 위원회의 대안인 '장애인연금법안'을 제안하기로 의결했다. 그리고 이 법안은 2010년 3월 31일 국회에서 통과되었고, 2010년 4월 12일자로 「장애인연금법」이 공포되었다. 최종 법안에서는 정부안의 가장 큰 문제들 가운데 하나로 지적되었던 "1촌 직계혈족과 그 배우자의 소득·재산·생활수준이 대통령령으로 정하는 수준 이상인 사람은 수급권자에서 제외한다."는 부양 의무자 관련 단서 조항이 삭제되었다. 따라서 장애인연금의 대상자는 18세 이상의 등록한 중증장애인 중 본인과 배우자의 소득과 재산을 따져 산출한 소득인정액이 선정기준액 이하인 중증장애인이다. 또한 부칙에는 "기초급여액은 2028년까지 단계적으로 「국민연금법」 제51조 제1항 제1호에 따른 금액의 100분의 10에 해당하는 금액으로 인상한다."는 조항이 제4조로 포함되었다. 하지만 이 법안 조항들 가운데 대부분은 정부안을 그대로 따랐다

이 법에 따르면 장애인이라고 모두 장애인연금을 주는 것이 아니다. 연금 지급 대상은 「장애인복지법」 상의 1, 2급 및 대통령령으로 정하는 3급 일부 중복장애인으로 한정되어 있다(「장애인연금법」 제2조 제1항). 그리고 소득에 따른 자격 기준도 있어서, 시행령에서 정하는 소득인정액이 선정기준액 이하에 해당하는 장애인만 그 대상자가 된다. 한편, 2010년 4월에 장애인연금 관련하여 보건복지부가 작성한 「규제영향분석서」에 따르면, 2008년 말 현재 전국의 등록 장애인(약 224만 명)의 약 13.7%에 해당하는 약 32만 6천 명 정도가 시행 첫 해인 2010년의 장애인연금 수급 대상자가 된다.[43] 장애인 100명 중 14명 정도에게만 혜택을 주겠다는 것이다. 정부가 장애인연금과 누누이 비교하고 있는 기초노령연금은 현재 65세 이상 전체 노인의 70%에게 지급하고 있는데, 장애인연금은 이와 비교할 때 터무니없이 그 지급 대상이 적다. 심지어 2009년 9월에 한나라당 윤석용 의원이 발의한 '중증장애인연금법안'도 65만 명(등록 장애인의 29%)을 대상으로 하고 있는데, 통과된 법안은 이것의 절반도 되지 않는 셈이다.

그리고 이 법에 따르면, 연금 수급권자는 「국민기초생활 보장법」

---

43) 하지만 지난 2010년 7월 30일 처음으로 장애인연금이 지급된 중증장애인은 23만 3천 명에 불과해, 정부의 예상치보다도 무려 9만 3천 명가량이나 적었다. 많은 장애인이 여러 사유로 인해 장애인연금 수급 대상에서 탈락한 것이다.

에 따른 수급권자와 차상위계층 중증장애인의 경우에는 최대 13만 원, 경증장애인의 경우에는 최소 3만 원 받던 장애수당을 받을 수 없도록 하고 있다. 국민기초생활 보장 수급권자인 중증장애인의 경우에는 월 15만 원의 연금(기초급여 9만 원과 부가급여 6만 원[44])을 받는 대신에 기존에 받던 13만 원의 장애수당은 받을 수 없게 된다. 이는 액수의 문제를 떠나서, 조삼모사 정책의 전형이 아니라 할 수 없다. 한나라당 윤석용 의원이 발의한 '중증장애인연금법안'과 민주당 박은수 의원이 발의한 '장애인연금법안'은 장애인연금을 받더라도 이 장애수당은 그대로 두자는 것이었다.

연금 수급권자가 기존의 장애수당을 받을 수 없게 될 경우, 일부 장애인은 소득이 오히려 줄어들 가능성도 배제할 수 없다. 예를 들어 보자. 울산광역시에 사는 장애인 가운데 정부가 지급하는 13만 원의 장애수당을 받는 사람은 울산광역시가 따로 지급하는 5만 원의 추가 장애수당을 더해 한 달에 18만 원을 받고 있다. 그런데 장애인연금이 도입되어 15만 원을 받고 이전의 장애수당과 추가 장애수당을 받지 못한다고 가정하면, 이로 인해 장애인의 소득이 오히려 3만 원 줄어들게 된다.

예전부터 이러한 지적이 거세게 일자 2009년 국정감사에서 전재희 보건복지부 장관은 "연금이 도입되어도 지방자치단체에서 지급하는 추가 장애수당은 그대로 지급할 수 있다."고 말했다. 하지만 대구광역시는 추가 장애수당 폐지를 방침으로 정했다가 장애인 단체들의 반발로 겨우 한 발 물러난 상태이며, 그 밖의 지방자치단체들도 현재 눈치를

---

44) 「장애인연금법」 제5조는 기초급여와 부가급여를 다음과 같이 정의하고 있다. "1. 기초급여: 근로능력의 상실 또는 현저한 감소로 인하여 줄어드는 소득을 보전補塡하여 주기 위하여 지급하는 급여 2. 부가급여: 장애로 인하여 추가로 드는 비용의 전부 또는 일부를 보전하여 주기 위하여 지급하는 급여."

살피고 있는 중이다. 2009년 말 현재를 기준으로 서울을 비롯한 전국 12개 지방자치단체에서는 장애수당 수급권자에게 1~5만 원의 추가 장애수당을 지급하고 있는데, 이것은 법적 근거 없이 지방자치단체가 그간 자율적으로 지급해 온 것이어서 예산 편성 과정에서 얼마든지 삭감이 가능하다는 문제가 있다.

현재 장애인연금의 급여 수준이 매우 낮고 그 대상도 턱 없이 제한적이기 때문에 연금 수급권자도 기존의 장애수당을 그대로 받는 것이 현재 수준에서는 바람직하다. 하지만 최소한 「장애인복지법」에 명시된 장애수당의 목적은 추가 비용을 보전하는 것으로 바꾸고, 장애인연금은 추가 비용 보전 부분을 부가급여라는 명목으로 슬쩍 끼워넣을 것이 아니라 소득 보전이라는 하나의 목적을 분명히 하는 것이 보다 상식적이고 합리적이다. 현재는 장애수당의 목적도 소득 보전으로 되어 있고, 「장애인연금법」의 기초급여 부분의 목적도 소득 보전으로 되어 있는데, 이렇게 목적이 중복되기 때문에 연금과 장애수당을 중복으로 수급할 수 없도록 하는 「장애인연금법」의 해당 조항이 정당화되는 측면이 있다. 따라서 장애수당 제도를 존속시키기 위해서는 그 목적에서 「장애인연금법」에 명시된 목적과 분명한 차이를 두는 것이 바람직하다.

물론 소득 보전 부분과 추가 비용 보전 부분을 장애인연금으로 완전히 통합하는 것도 불가능한 것은 아니다. 현행 제도의 후퇴가 아니라는 전제 아래 실질적 소득 보전에 해당하는 부분을 기초급여로, 실질적 추가 비용에 해당하는 부분을 부가급여로 구성한다면 가능할 것이다. 현재 장애인연금도 기초급여와 부가급여로 구성되어 있기는 하나, 2010년 현재 기초급여 최고 9만 원과 부가급여 최고 6만 원은 예산 논리로 짜 맞춘 것이기에 이 같은 통합과는 전혀 상관이 없다.

마지막으로 장애인연금의 재원은 국가와 지방자치단체가 공동으

〈표 11〉 현행 장애수당과 「장애인연금법」 비교

대상		현행 장애수당	「장애인연금법」	비고
중증장애인	국민기초생활 보장 수급권자	13만 원	기초급여 9만 원 부가급여 6만 원 (합계 15만 원)	중증장애인 장애수당 대상자는 2010년 7월부터 중증장애인연금 대상자로 전환
	차상위계층*	12만 원	기초급여 9만 원 부가급여 5만 원 (합계 14만 원)	
	차차상위계층**	없음	감액 가능한 기초급여*** 부가급여 없음	
경증장애인	수급권자	3만 원	없음	현행 장애수당 유지
	차상위계층	3만 원	없음	현행 장애수당 유지
2010년 예산안		3,097억 원→2,018억 원 (1,079억 원 감소)	1,474억 원 신규 편성	

* 통상적으로 차상위계층이란, 「국민기초생활 보장법」에 따른 수급권자가 아니면서 소득인정액이 최저생계비의 120% 이하인 가구를 말한다.

** 통상적으로 차차상위계층이란, 「국민기초생활 보장법」에 따른 수급권자와 차상위계층이 아니면서 소득인정액이 최저생계비의 150% 이하인 가구를 말한다.

*** 「장애인연금법」 제6조 제3항에는 "소득인정액과 기초급여액을 합한 금액이 제4조 본문에 따른 대통령령으로 정하는 금액 이상인 경우에는 대통령령으로 정하는 바에 따라 기초급여액의 일부를 감액하여 지급할 수 있다."고 되어 있다. 이와 관련하여 보건복지부가 마련한 '장애인연금법 시행령안' 제5조에 따르면, 선정기준액에서 소득인정액을 차감한 금액이 2만 원 이하인 경우에는 기초급여 2만 원을 지급하고, 선정기준액에서 소득인정액을 차감한 금액이 2만 원을 넘는 경우에는 선정기준액에서 소득인정액을 차감한 금액을 기준으로 하여 2만 원 단위로 절상한 금액을 기초급여로 지급한다. 따라서 소득인정액이 선정기준액보다 적어 장애인연금 수급 대상자가 되는 중증장애인이라 하더라도 그 수준에 따라 최저 2만 원에서 최고 9만 원까지 차등적으로 기초급여가 지급된다. 한편, 보건복지부는 2010년도의 선정기준액을 배우자가 없는 중증장애인의 경우에는 월 50만 원으로, 배우자가 있는 중증장애인의 경우에는 월 80만 원으로 정했다. 이때 장애인연금에서의 소득인정액은 월 소득평가액과 재산의 월 소득환산액을 합한 것인데, 월 소득평가액에서 일인당 월 37만 원의 상시 근로소득공제가 있기 때문에, 이러한 공제가 없는 국민기초생활 보장 제도에서의 소득인정액보다는 상당히 낮은 수준이다.

로 부담하는 방식을 택하고 있다. 「사회보장기본법」 제27조 제1항은 "사회보장비용의 부담은 각각의 사회보장제도에 대한 역할 분담에 따라 국가, 지방자치단체 및 민간부문 간에 합리적으로 조정되어야 한다."고 되어 있고, 제3항은 "공공부조 및 관계 법령에서 정하는 일정 소득 수준 이하의 국민에 대한 사회복지서비스에 드는 비용의 전부 또는 일부는 국가와 지방자치단체가 부담한다."고 되어 있다. 장애인연금의 경우에도 이같은 원칙이 그대로 적용되어 「장애인연금법」 제21조에 "장애인연금은 지방자치단체의 재정 여건 등을 고려하여 대통령령으로 정하는 바에 따라 국가, 특별시·광역시·도 또는 특별자치도·시·군·구가 부담한다."고 되어 있다.

한편, 보건복지부가 마련한 '장애인연금법 시행령안' 제16조에 따르면, 국가가 특별자치도·특별시·광역시·도별로 부담하는 장애인 연금 비용의 비율은 서울특별시의 경우에는 100분의 50, 그 밖의 특별자치도·광역시·도의 경우에는 100분의 70이다. 그리고 국가가 부담한 금액을 차감한 액수에 대해서는 특별자치도·특별시·광역시·도 및 시·군·구 등의 자치구가 분담하되, 그 부담 비율은 특별자치도·특별시·광역시·도의 조례로 정하고, 이를 미리 보건복지부장관과 협의하도록 되어 있다. 그러나 이러한 방법은 향후 연금 지급 대상자가 확대되거나 연금액이 상승할 경우에 감당하기 어려운 부담을 지방자치 단체에 줄 수 있다. 그리고 이미 '부자 감세'의 도미노 효과로 지방의 복지 예산이 줄줄이 삭감되고 있는 현실에서 지금과 같은 방식으로는 정부안 자체도 지속적으로 시행되기 어려울 것이다. 본질적으로, 현재 와 같이 지방자치단체 사이의 심각한 재정 불균형 상태가 지속되고 지방자치단체 자체의 재정 자립도가 매우 낮은 상태에서 이 같은 방식을 고집하는 것은 분명 큰 문제다. 따라서 이러한 상태를 해소하는 것이 전제되지 않을 경우, 장애인연금과 같은 범국가적 사업은 국가가 그 비용을 전액 부담하는 것이 보다 바람직하다.

결론적으로, 현재의 장애인연금은 무기여 연금의 최소한의 특징이 되어야 할 보편성의 확대, 소득 보장, 사각지대 해소 가운데 그 어느 것도 충족하지 못하는 것이라고 할 수 있다. 장애인을 기만하고 국제사회의 비웃음을 사기에는 안성맞춤한 것일지도 모른다.

정부의 적극적 장애인 소득 삭감 정책

문제는 장애수당과 장애인연금만이 아니다. 보건복지부가 활동보조서비스와 관련된 지침을 개악하여, 2010년부터 「국민기초생활 보장법」이 정한 수급권자와 차상위계층이 아닌 중증장애인의 활동보조서비스 본인 부담금이 최대 4만 원에서 최대 8만 원으로 늘어났다. 한편, 이러한 지침 개악으로 인해 활동보조서비스의 본인 부담금 인상뿐만 아니라 서비스 대상자 또한 더욱 엄격히 제한되었다. 신규 서비스 신청자 및 2년 이상 서비스 이용자는 반드시 장애등급 심사를 다시 받도록 한 것이다. 게다가 예산 부족을 이유로 당분간 신규 서비스 신청자마저 받지 말라고도 했다. 또한 리터당 220원씩 최대 5만 5천 원에 이르던 장애인 차량 LPG 지원금은 2010년 1월부터 폐지되었는데, 「국민기초생활 보장법」이 정한 수급권자와 차상위계층에 한해서만 2010년 1월부터 6월까지 한시적으로 지원이 연장되었다.

다음과 같은 예시를 통해 종합적으로 살펴보면, 이것을 왜 정부의 '적극적 장애인 소득 삭감 정책'이라고 부를 수 있는지 그 이유를 더욱 분명히 알 수 있다. 여기서 중증장애인 대부분의 장애 관련 순소득은 오히려 감소하는 결과가 나타난다. 특히 우려스러운 것은 가장 열악한 처지에 있는 국민기초생활 보장 수급권자인 중증장애인의 장애 관련 순소득조차 이전 대비 최고 19%, 3만 5천 원 줄어든다는 사실이다. 여기서는 그동안 지방자치단체가 자율적으로 지급해 오던 추가 장애수당은 그대로 유지된다고 가정했는데, 이것마저 폐지될 경우 장애인의 소득은 훨씬 더 줄어들게 된다.

여기서 장애 관련 순소득의 계산은 다음과 같은 방식을 이용했다.

장애 관련 순소득 = 장애수당

        + 추가 장애수당

        + 장애인연금

        + 장애인 차량 LPG 지원금

        - 활동보조서비스 본인 부담금

1) 장애등급 1급 A 모씨가 활동보조서비스를 이용하고 2009년 말 현재 장애인 차량 LPG 지원금을 받는 국민기초생활 보장 수급권자라고 가정할 때

<표 12> 장애 관련 순소득 감소 예 ①

장애 관련 소득 및 지출의 주요 항목	2010년 1~6월	2010년 7월부터
장애수당	13만 원	없음
장애인연금	없음	15만원
활동보조서비스 본인 부담금 (최대)	없음	없음
장애인 차량 LPG 지원금 (최대)	5만 5천 원	없음
장애 관련 순소득	18만 5천 원	15만 원
순소득 감소액	3만 5천 원 (19%)	

2) 장애등급 1급 B 모씨가 활동보조서비스를 이용하고 2009년 말 현재 장애인 차량 LPG 지원금을 받는 차상위계층이라고 가정할 때

〈표 13〉 장애 관련 순소득 감소 예 ②

장애 관련 소득 및 지출의 주요 항목	2010년 1~6월	2010년 7월부터
장애수당	12만 원	없음
장애인연금	없음	14만 원
활동보조서비스 본인 부담금 (최대)	2만 원	2만 원
장애인 차량 LPG 지원금 (최대)	5만 5천 원	없음
장애 관련 순소득	15만 5천 원	12만 원
순소득 감소액	3만 5천 원 (23%)	

3) 장애등급 1급 C 모씨가 활동보조서비스를 이용하고 2009년 말 현재 장애인 차량 LPG 지원금을 받는 차차상위계층으로, 장애인 연금의 선정기준액에서 소득인정액을 차감한 금액이 2만 원 이하라고 가정할 때

〈표 14〉 장애 관련 순소득 감소 예 ③

장애 관련 소득 및 지출의 주요 항목	2010년 1~6월	2010년 7월부터
장애수당	없음	없음
장애인연금	없음	2만 원
활동보조서비스 본인 부담금 (최대)	4만 원	8만 원
장애인 차량 LPG 지원금 (최대)	없음	없음
장애 관련 순소득	4만 원	- 6만 원
순소득 감소액	2만 원 (50%)	

4) 장애등급 1급 D 모씨가 활동보조서비스를 이용하고 2009년 말 현재 장애인 차량 LPG 지원금을 받는 차차상위계층 이상으로 장애인연금의 소득인정액이 선정기준액을 초과한다고 가정할 때

〈표 15〉 장애 관련 순소득 감소 예 ④

장애 관련 소득 및 지출의 주요 항목	2010년 1~6월	2010년 7월부터
장애수당	없음	없음
장애인연금	없음	없음
활동보조서비스 본인 부담금 (최대)	4만 원	8만 원
장애인 차량 LPG 지원금 (최대)	없음	없음
장애 관련 순소득	4만 원	– 8만 원
순소득 감소액	4만 원 (100%)	

4.3 장애인계의 장애인연금 도입안은 이랬다

장애인계의 장애인연금 도입안은 크게 두 가지가 있었다. 2002년 장애인연금법제정공동대책위원회의 안(이하 '공대위안')과 2008년 장애인연금법제정공동투쟁단의 안(이하 '공투단안')이 그것이다.

공대위안은 사회수당 방식의 연금(기본급여)과 공공부조 방식의 연금(생활급여)이 혼합된 것이었다. 기본급여는 모든 장애인에게 주고, 생활급여는 18세 이상 장애인 가운데 저소득 가구에게만 준다는 것이다. 2002년 당시를 기준으로 기본급여는 15만 원, 생활급여는 35만 원(2002년 1인 가구 최저생계비 기준)으로 설계되었고, 장애수당은 폐지하자는 입장이었다. 사회수당 방식의 연금 부분을 도입하고자 한 것 자체는 진일보한 것이었지만, 장애수당 폐지의 입장을 가짐으로써 장애로 인한 추가 비용 보전의 문제를 해결할 방안을 마련하지 못했던 것은 단점으로 지적할 수 있다.

공투단안은 기존 장애수당은 추가 비용 보전의 역할로 존치하고,

소득 보전을 위한 장애인연금의 실시를 제안한 것이다. 연금 수급 대상은 18세 이상의 등록된 장애인이고, 소득인정액이 하위 70% 이하의 조건을 충족해야 수급권자가 될 수 있도록 했다. 이에 따르면, 그 급여 대상자의 수는 약 136만 명인데, 이는 등록 장애인 전체의 약 60%에 해당한다. 연금액은 최저임금 환산액의 4분의 1 수준인 월 25만 원을 책정했는데, 사실 그 근거에 대한 엄밀한 논의는 부족했다.[45] 그리고 둘 다 연금을 받는 장애인 부부의 경우에는 각각 연금을 20%씩 감액하는 것을 받아들였다. 또한 경증장애인은 중증장애인이 받는 연금의 50%인 12만 5천 원을 받는 것으로 설계했는데, 이 기준에 대한 타당한 근거 또한 부족했다.

공투단안은 국민기초생활 보장 수급권자인 장애인의 경우에는 장애인연금의 70%를 지급받을 수 있도록 했는데, 이것 역시 타당한 근거보다는 일정한 타협을 고려한 결과이다. 현행 국민기초생활 보장 제도가 기본소득이 목적하는 바처럼 기본 생활을 충분히 보장할 수 있다면 이러한 이중적인 소득 보전 방안은 필요가 없을 것이고 복잡한 설계나 이 같은 타협도 필요 없을 테지만, 그렇지 못한 상태에서는 제도가 점점 복잡해져가는 것을 막기 어려운 것 같다.

또한, 공투단안은 현행 장애수당, 장애아동수당 등을 단일한 장애수당 제도로 만들자고 제안하고 있는데, 이렇게 할 때 앞서 언급했듯이 장애수당은 추가 비용 보전이라는 목적을 분명히 해야 한다. 이뿐만 아니라 장기적으로는 등급에 따른 지급보다 유형에 따른 차이를 고려하

---

45) 이와 관련하여 동의대 유동철 교수는 "경제협력개발기구의 가구균등화지수를 고려할 때 기초장애연금은 일인당 월 63만 원 정도는 돼야 한다."는 의견을 제시했다. 그는 2008년 보건복지부의 장애인 실태 조사 결과를 근거로 제시하면서 장애인 가구의 최소 한 달 생활비는 평균 137만 9,000원이므로 가구당 평균 가구원 수가 3인임을 감안할 때 일인당 약 63만 원의 급여를 지급하는 것이 합당하다는 주장을 폈다(Welfare News, 2009).

는 방향으로 장애수당 제도를 개선하는 것이 필요에 따른 충족의 원리에 더욱 부합할 것이다. 궁극적으로는 국가가 포괄적으로 책임져야 할 복지서비스의 탈시장화와 탈상품화를 목표로 장애로 인한 추가 비용 발생 여지를 완전히 차단한다는 전제 아래 장애수당을 폐지하는 전면적인 전환도 사고해야 한다. 여기서 추가 비용 발생 여지를 차단한다는 것은 장애인의 필요에 따른 복지서비스를 조건 없이, 그리고 충분하게 제공한다는 것과 같은 말이다.

결론적으로, 공투단안은 등록 장애인을 그 대상으로 하고 있다는 한계는 있지만, 협소한 장애등급 기준이 아니라 소득인정액만을 기준으로 설정하고 있다는 점에서는 정부안에 비해 분명 한 발 나아간 것이다. 하지만 소득인정액을 기준으로 하는 것은 자산 심사를 필요로 한다는 점에서 한계가 있다. 선별적 복지를 일정하게 수용하는 것이기 때문이다. 그리고 어쨌든 자산 심사를 한다는 것은 사회수당과는 거리가 먼 것이다. 한편, 18세 이상이라는 연령 제한과 노동소득의 보전이라는 의미에서 최저임금을 연금액의 기준으로 설정한 것은 그 엄밀성의 한계뿐만 아니라 기존의 노동 패러다임에서 크게 벗어나지 못한 측면을 보여 준다.

앞서 언급했듯이 박은수 의원이 발의한 '장애인연금법안'으로 수렴된 공투단안은 정부안에 비해서는 훨씬 나은 것이 분명하다. 하지만 이 역시 여러 측면에서 기준이 상당히 모호하고, 그 적실성을 따져볼 때 흔쾌히 동의하기 어려운 지점들이 있다. 원칙적인 요구를 분명히 밝힌 다음에 협상 결과에 따라 수용 정도가 결정될 수는 있지만, 처음부터 현실성과 협상의 측면을 고려하여 낮은 수준의 안을 제시하는 것은 피해야 하는 일이 아닐까? 먼저 장애인의 현실에 기초한 분명한 요구, 원칙적으로 정당한 요구를 명확히 제시하면서 법 제정 운동을 진행하는 것이 바람직하다는 생각이다.

4.4 장애인 등록 제도, 다시 보자

최근 평택대학 사회과학연구소가 장애수당 수급권자의 장애 진단에 대해 심사한 결과, 2007년부터 2008년까지 장애 심사를 받은 4만 1,888명 중 32.85%인 1만 3,762명이 잘못된 진단을 받은 것으로 드러났다(에이블뉴스, 2009). 의사 개인이 진단한 후에 적절한 심사 절차가 없기 때문에 진단 오류가 무수히 발생하고 있는 것이다. 현행 판정 체계의 문제를 해결하지 않고서는 이를 기준으로 한 장애인연금 또한 여러 가지 문제를 불러일으킬 것이 뻔하다.

그렇다면 판정 심사를 강화해서 이러한 문제만 해결하면 장애인 등록 제도는 괜찮은 것일까? 그렇지 않다. 1988년 한국에 도입된 장애인 등록 제도는 문자 그대로 신체적 장애나 정신적 장애가 있는 사람이 국가에 자신의 몸 상태를 증명해 보이고 나서 '장애인등록증'을 발급받는 제도이다. 이러한 장애인 등록 제도는 「장애인복지법」 제32조에 근거하고 있는데, 그 1항의 내용은 다음과 같다.

"장애인, 그 법정대리인 또는 대통령령이 정하는 보호자는 장애 상태와 그 밖에 보건복지부령이 정하는 사항을 특별자치도지사·시장·군수 또는 구청장(자치구의 구청장을 말한다. 이하 같다)에게 등록하여야 하며, 특별자치도지사·시장·군수·구청장은 등록을 신청한 장애인이 제2조에 따른 기준에 맞으면 장애인등록증(이하 "등록증"이라 한다)을 내주어야 한다."

이 제도의 핵심은 장애인 분류인데, 현행 「장애인복지법」은 장애를 15가지 유형으로 나누고 각 유형을 다시 장애의 정도에 따라 1등급부터 6등급까지 6개의 등급으로 세분하고 있다. 전체로서 하나의 독립적 개체가 되어야 할 인격체를 이런 식으로 잘게 쪼개 등급까지 매기는 것이 과연 바람직한 것인가? 한국에서 장애인은 사회적으로 존재하는 것이 아니라 국가에 등록되는 순간 탄생하는 존재나 다름없는 셈이다. 이와 같은 방식의 장애인 등록 제도는 한국과 일본에만 존재한다. 영국의 경우, 장애가 일정 수준 이상이며 영속적으로 일상생활에 영향을 미치면 지방의회의 사회서비스과를 통해 장애인 등록이 가능하다. 그리고 이러한 장애인 등록은 주로 공공요금 할인 등의 혜택과 관련이 있을 뿐, 장애 관련 수당 및 여러 서비스와도 무관하고 의무사항도 아니다.

20세기 전반 나치 하의 독일은 우수한 혈통을 보존한다는 이유로 장애인의 생식을 철저하게 통제했다. 산부인과 의사들은 장애를 지닌 아이가 태어나면 국가에 등록해야 했다. 그리고 이렇게 등록된 장애인은 국가 보건을 위한 관리 대상으로 전락했다. 이것이 장애인 등록 제도의 효시라고 할 수 있다. 나치는 국가에 등록된 이러한 장애인이 결함이 있는 아이를 낳을 수 있다는 이유로 거세하기도 했다. 그리고 나중에는 장애인을 집단적으로 학살하기도 했다. 건강한 사회를 좀먹는다는 것이 그 이유였다. 이렇게 학살당한 장애인들만 당시에 20만 명이 넘는 것으로 알려졌다.

장애인 등록 제도의 역사 자체도 문제지만 현실적 폐해도 무수히 많다. 우선 장애인 인구 추정의 문제가 있다. 한국의 '장애인 출현율'은 대략 5% 미만으로 알려져 있는데, 이는 경제협력개발기구 국가 평균인 14%와 격차가 너무 크다. 장애를 포괄적으로 정의하는 다른 국가들과 달리 한국은 엄격한 기준에 따라 국가에 등록된 장애인만 통계에 넣기 때문에 그렇다.

그리고 장애인 등록 제도는 획일적이고 제한적인 장애인복지 정책을 양산한다. 현재 한국의 장애인복지 정책은 시설 정책과 공공요금 등의 할인 정책이 주종인데, 이런저런 시설의 유지와 운영에 장애인복지 예산의 거의 절반이 빠져나간다. 시설을 이용하거나 할인 혜택을 받기 위해서는 필요에 대한 진단 없이 장애인등록증만 있으면 되는 것이다. 정부는 장애인들의 필요를 파악하기보다는 일단 관리하기가 편하니까 이 제도를 계속 유지하려고 하고, 장애인 당사자들 상당수 또한 이미 이 제도에 익숙해져 있다.

이 장애인 등록 제도가 사회적 낙인 효과를 발휘하고 있다는 점도 매우 중요하게 지적해야 할 부분이다. 한국에서는 한 인간이 장애가 있다는 사실을 의학적으로 입증하고 자신을 국가에 등록하는 순간, 특정한 방식으로 유형화되고 숫자로 된 고유한 등급을 받는다. 그리고 이때부터 장애인은 국가나 사회의 도움을 받아야 하는 존재로 대상화된다. 장애인등록증이 사회적 낙인의 증표가 된다는 것이다.

최근 정부가 이러한 장애인 등록 제도의 개선 방안을 논의하고 있다지만, 장애 판정의 자의성을 줄이기 위해 '장애인판정위원회'를 설치하는 것과 같은 부분적인 제도 개선 논의에서 크게 벗어나지 않았다. 지금이라도 장애인 등록 제도 자체를 폐지하고 장애인의 필요에 따른 맞춤형 복지서비스를 제공하는 방향으로 장애인복지 제도의 근본적인 전환을 시도하는 운동을 시작해야 한다. 마침 지난 2010년 7월 30일 전국장애인차별철폐연대, 전국장애인부모연대, 한국장애인단체총연맹 등 14개 장애인 단체로 구성된 '장애등급제 폐지와 사회서비스 권리확보를 위한 공동대책위원회'가 공식적으로 출범해 본격적인 활동에 들어갔다.

그리고 이러한 근본적인 전환의 과정에서 장애인 등록 제도에 기초한 장애인연금 제도 또한 기본소득 제도로 전환하는 것이 바람직하다. 그 대상과 범위, 지급 수준을 높인다 하더라도 현재의 제도 아래에서는 등록된 장애인에게만 연금을 지급할 수밖에 없다. 이러한 한계에서 벗어나기 위해서는 장애인이 기본소득 보장을 더욱 적극적으로 주장해야 할 필요성이 있다. 소득 보장의 측면에서 사각지대 없이 모든 장애인을 실질적으로 포괄할 수 있는 방법은 기본소득 제도 이외에는 없기 때문이다. 그리고 이러한 전환과 함께 장애인에게 별도로 필요한 맞춤형 복지서비스는 쥐꼬리만큼의 수당을 쥐어주는 방식이 아니라 국가가 포괄적으로 책임지는 방식으로 나아가야 할 것이다.

4.5 장애인연금을 넘어 기본소득으로

이 책의 제2장 제5절에서 간략히 살펴본 장애학 이론가 폴 애벌리의 논의는 장애인과 노동의 문제를 사고하는 가운데 새로운 노동 패러다임 과 기본소득의 필요성을 역설하는 것이었다. 그는 노동에 기초한 시민 권의 보장이 아니라 개별적 노동과 연결하지 않고 모든 사회 구성원들 에게 조건 없이 기본 생계비를 보장하는 기본소득 체제가 장애인들의 완전한 사회 통합에 훨씬 더 적합한 환경을 제공할 수 있다고 본다.

기본소득 제도는 복지 패러다임의 근본적 전환은 물론 이처럼 노동 패러다임의 전환도 전제로 한다. 장애인은 기존의 노동 패러다임 과 복지 패러다임 속에서 가장 큰 고통을 받고 있는 사회집단이다. 그리고 현재의 패러다임 속에서는 자신의 열악한 사회적 처지를 부분적 으로 개선할 수는 있을지 모르나 근본적으로 개선할 길은 없어 보인다. 이 때문에 장애인이 기본소득 운동의 적극적인 주체가 될 수 있는 가능성이 있다. 물론 이것은 아직 잠재적 가능성에 불과하다. 이를 현실성으로 전환시키기 위해서는 수많은 과정과 노력이 뒤따라야 할 것이다. 그리고 그 첫발을 지금의 장애인연금 논의에서부터 내딛는 것이 필요하다.

기본소득은 국민 모두에게 아무런 조건 없이 아무런 심사도 없이 지급하는 소득으로, 사각지대 없는 보편적 복지의 핵심 제도이다. 장애인운동이 당장 2010년 7월부터 시행된 무늬만 걸친 장애인연금을 보편적 사회수당으로 발전시키기 위한 노력도 해야겠지만, 보다 근본적으로는 기본소득 도입 운동의 핵심 주체가 되는 것이 필요하다. 물론 장애인에게는 기본소득 보장뿐만 아니라 비장애인과의 차이 때문에 발생하는 요소를 고려하여 비장애인에 비해 더 많은 복지가 요구된다. 이 부분을 모든 국민에게 공통되는 기본소득 및 기본복지와 구별하여 앞서 제2장 제4절에서 밝힌 바와 같이 '추가복지'로 개념화할 수 있는데, 이 추가복지를 실현하기 위한 운동도 함께 전개해야 할 것이다.

〈표 16〉 소득 및 복지 영역의 재구성

	보편성	개별성
현금	기본소득*	추가소득
현물	기본복지	추가복지

* 제3장의 각주 37)에서와 마찬가지로, 기본소득을 현금기본소득과 현물기본소득으로 구분할 수 있지만 여기서 말하는 기본소득은 현금기본소득이다.

장애인복지의 궁극적 목표란, 자의적일뿐만 아니라 인권을 침해하는 장애등급 판정과 이에 따른 선별적이고 시혜적인 복지 혜택 수여가 아닌 장애인이 자신의 필요에 기초하여 생애 주기에 따른 보편적 복지서비스를 누구나 권리로서 향유하는 것이다. 이러한 방향으로의 패러다임 전환에 있어서 매우 중요한 참고 사례가 될 수 있는 것은 미국 캘리포니아 주의 랜터만법Lanterman Act이다. 발달장애인의 권리 보장과 지역사회 통합, '자립생활' 지원 등의 촘촘한 지원 서비스를 명시하고 있는 이 법은 특히 '개인별 지원 계획Individual Program Plan'에 기초하여 발달장애인 당사자의 의사를 충분히 파악한 다음, 그들이 원하며 필요로 하는 모든 서비스를 최대한 충족시켜 주고 있다.

이 과정에서 장애인연금이나 각종 수당을 포함한 기존의 현금 지급 방식의 복지서비스는 기본소득으로 통합하는 것을 원칙으로 하되, 기존에 불필요하게 혹은 부적절하게 시장화된 복지서비스는 필요에 따른 충족의 원칙에 따라 재편하며 탈시장화, 탈상품화의 방향으로 나아가도록 해야 한다. 이러한 근본적인 대안의 실현을 염두에 두면서 우선 현행 장애수당 제도를 추가 비용 중심으로 전면 개편하는 것도 하나의 과도기 방안으로 고려할 수 있을 것이다. 장애인 전체의 월평균 추가 비용 개념을 통해 일률적으로 등급에 따라 지급하는 것이 아니라 장애 유형별로 월평균 추가 비용에 큰 격차가 있다는 점을 감안하여 이를 장애 유형별로 현실화하는 방안도 모색할 수 있다는 것이다. 그렇지만 이 역시 이전 제도에 비해 장애인의 실질적인 필요를 좀 더 많이 반영할 수 있다는 점에서만 한 발 더 나아가는 것에 불과하다. 먼저 기본소득으로 국민 모두에게 충분한 생활을 보장하고 장애인에게는 장애에 따른 추가 비용을 보다 합리적인 방식으로 보장하면서, 나아가 장애로 인해 필요한 복지서비스를 국가가 포괄적으로 책임지는 것을 전제로 현재의 장애인 등록 제도와 장애수당 제도를 폐지하는 방향으로 나아가는 것이 보다 궁극적인 대안일 것이다.

장애인도 국민이므로 기본소득, 기본복지와 같은 국민 모두의 기본권을 동일하게 누려야 하며, 비장애인과의 차이를 존중받는 데 필요한 장애인복지, 즉 추가복지도 사회적 권리로서 명확히 확립되어야 한다. 장애인운동이 기본소득과 기본복지, 추가복지의 결합을 중심 목표로 설정하고 큰 걸음을 함께 내딛을 때 장애인운동은 한 단계 더 발전할 수 있을 것이다. 이는 장애인운동이 당사자들의 운동, 하나의 부문의 운동을 넘어 우리 사회의 보편적인 해방을 위한 운동의 첨단에 설 수 있는 계기이기도 하다.

제5장 기본소득네트워크로 뭉치다

5.1 기본소득으로 이었다, 바꾸었다

[인터뷰] 오자와 슈지小沢修司 **기본소득일본네트워크 대표**

2010년 3월 26일부터 27일까지 일본 교토京都에 있는 도시샤同志社대학에서 기본소득일본네트워크ベーシック·インカム日本ネットワーク의 설립 총회가 열렸다. 기본소득한국네트워크 운영위원인 필자는 '기본소득과 보편적 복지: 진보정치의 전략'을 주제로 하는 분과회의 발표자이자 해외 사절의 자격으로 이 총회에 참석했다. 3월 27일 행사가 모두 끝난 뒤 행사장 근처에서 오자와 슈지 기본소득일본네트워크 대표와 인터뷰를 했다. 그는 교토부립京都府立대학 복지사회학부 학부장이다. 생활경제학을 가르치며 인간 생활의 경제학적 연구를 주제로 삼고 있다. 오늘날 일본에서 기본소득 논의를 주도하고 있는 학자 가운데 한 사람이기도 하다. 그는 또한 이번 설립 총회를 통해 기본소득일본네트워크의 대표가 되었다. 대표적인 저서로는 『복지사회와 사회보장 개혁 - 기본소득 구상의 신지평』, 『기본소득 구상과 새로운 사회정책의 가능성』 등이 있다. 다음은 인터뷰 내용 전문이다. 일본어 통역과 녹취는 한동성이 맡았다.

최 기본소득한국네트워크를 대표해서 기본소득일본네트워크의 공식적인 출범을 다시 한 번 축하드립니다. 또, 대표로 취임하신 것도 축하드립니다.

오자와 감사합니다.

최 처음 와서 뵈었을 때, 궂은일 마다 하지 않으시고 잡다한 일까지 직접 도맡아 하시는 걸 보고 좋은 인상, 남다른 인상을 받았습니다. 대표님이 그렇게 직접 챙기시는 것을 보니 기본소득일본네트워크

오자와 슈지
기본소득일본네트워크 대표

도 훌륭히 발전해 나갈 수 있으리라 생각합니다.

오자와 (웃음) 감사합니다. 제 '캐릭터'가 그래서, 이렇게 가만히 앉아만 있는 것은 그다지 제게 맞지 않습니다. 어떤 사람은 저한테 좀 가만히 앉아 있으라고 하기도 하는데, 저는 그게 잘 되질 않습니다.

영국으로 날아가 처음 접한 기본소득

최 현재 사회복지와 사회정책 쪽의 연구를 하고 계십니다. 어떻게 기본소득을 접하게 되셨습니까?

오자와 저는 지금 사회복지를 공부하고 있기는 하지만, 기본은 경제학입니다. 경제학을 익히며, 대학에서는 복지 쪽의 학부에, 지금은 조금 이름이 바뀌어서 공공정책학부가 되어 있는데 여하튼 지금이야 복지 쪽을 열심히 공부하고 있기는 하지만 원래는 경제학을 공부하고 있었습니다. 기본소득을 알게 된 것은 1990년에 당시

대학의 동료들과 함께, 영국 대처 정권 하의 복지 정책 변화와 그 효과에 관해서, 대처 정권 하에서 복지국가가 어떻게 바뀌었는가를 조사해 보려고 영국에 갔던 일이 있습니다. 그것이 기본소득을 알게 되는 계기가 되었습니다. 그게 1990년의 일인데, 그때 영국에서 기본소득에 대한 논의가 일어나는 것을 보게 되었지만, 당시 일본에서는 기본소득이라는 말조차도 없었습니다. 그래서 도대체 이게 무슨 사고방식인지 처음에는 전혀 알 수가 없었지만, 시간을 들여 공부하면서 이것이 복지국가의 존재 방식을 뿌리부터 바꾸는 논의라는 것을 깨달았습니다. 그 뒤로 공부를 계속하면서, 일본에서도 여러 가지 문제가 터져 나오고 있는데 복지국가의 작동 원리는 과연 이대로 좋은가 하는 문제에 생각이 미쳤습니다. 이때 기본소득 논의가 바로 여기에 유효하고 영향력 있는 사고방식이라고 생각하게 되었고, 그래서 기본소득을 뒤쫓기 시작했습니다.

기본소득을 지지하는 단체

최 한국에서도 기본소득에 대한 관심이 늘어나기는 했지만, 단체의 공식적인 입장으로 기본소득에 대한 지지를 표하고 있는 곳은 아직까지 사회당을 비롯해 소수에 불과합니다. 기본소득한국네트워크는 현재 개인들만 가입하는 구조로 되어 있는데, 앞으로 네트워크의 발전 방향을 고민하면서 개인 참가는 물론이고 단체 단위로 가입을 원하면 받아들이자는 의견이 있습니다. 한국에서는 이미 몇몇 장애인 단체와 인권 단체 등이 가입 의사를 밝히기도 했습니다. 일본의 상황은 어떻습니까? 기본소득을 지지하는 모임이 있다는 것은 알고 있습니다만, 보통의 시민사회단체 가운데 기본소득에 대한 지지를 공식적으로 밝힌 곳은 있습니까?

오자와 제가 아는 한에서는 거의 없습니다. 정당 가운데에는, 작은 정당이지만 일본신당日本新党이라는 정당, 다나카 야스오田中康夫 [일본신당의 당수. 유명한 작가이자 나가노長野 현県의 전 수반. 우파적 경향의 기본소득을 적극적으로 지지하는 인물.]라는 인물이 대표하고 있는 일본 신당에서 작년 총선 공약으로 기본소득을 내걸었던 적이 있습니다. 정당 차원에서 기본소득을 공약으로 내건 곳은 그것 하나뿐이었습니다. 그 외 단체에서 기본소득을 지지하는 경우는, 아까 설립 총회에서 보셨던 대로 구시로釧路의 건설노동조합이 제가 알기로는 처음입니다. [이 조합은 2009년 6월에 개최된 대회에서 기본소득 요구안을 의결했다.] 현재로서 저희 기본소득일본네트워크는 아직 연구자 중심의 모임으로, 한국처럼 사회당 등에서 일하는 활동가 지지자들이 있는 것이 아닙니다. 따라서 단체 수준에서 네트워크에 합류할 것을 권유할 수 있는 단계까지는 아직 가지 못했습니다. 기본소득에 대한 관심이나 기대가 있는 다양한 분들이 교류할 수 있는 장으로서 네트워크를 꾸려가는 것, 지금은 그것이 우리가 하려는 일입니다.

기본소득에 대한 언론과 출판의 관심

최 한국도 아직 대단한 활동을 하고 있는 것은 아닙니다. 오히려 연구와 저술 활동의 측면에서 보면 일본이 훨씬 앞서 있고 한국은 뒤따라가야 하는 입장입니다. 예를 들어, 한국에서 제대로 된 출판물의 경우 번역서 한 권[브루스 액커만 외의 『분배의 재구성』] 나온 것이 전부입니다. 기본소득이 보다 대중적으로 알려지기 위해서는 저술 및 출판 활동이 굉장히 중요한데, 한국은 그게 아직 너무 미약해서 많은 제약이 뒤따르고 있습니다. 기본소득과 관련해서 중요하게 보아야 할 글들이 번역도 거의 안 되어 있고 소개도 많이 부족해서 어려움을 느끼고 있습니다. 그런 측면에서 일본은 앞서 있습니다. 최근에는 필립 반 빠레이스의 『모두를 위한 실질적 자유』도 번역되어 출간된 것으로 알고 있습니다.

오자와 그렇습니다. 최근에 나왔습니다.

최 저는 기본소득을 최대한 널리 알리기 위해 직접 기사를 써서 언론사에 기고하기도 하고, 사람을 만날 때나 이런 저런 기회가 닿을 때마다 홍보에 신경을 쓰는 편입니다. 어제와 오늘 이틀간의 행사는 성공적으로 잘 치른 것 같은데, 언론의 관심은 어땠는지 궁금하더군요.

오자와 이번에 이틀간 행사를 개최했지만, 사전에 신문사의 취재 통보나 저희 쪽의 취재 요청은 없었습니다. 다만 이번 대회 도중에 신문사에서 자체적으로 취재를 온 곳이 있습니다. 오늘 오전에 국제 학술 심포지엄이 끝나고 나서 『교토신문』에서 취재해 갔습니다. 어제는 한 곳으로부터 전화 취재를 받기도 했습니다. 취재를 온 언론사가 많지는 않지만, 제가 아는 한에서는 『마이니치신문』, 『아사히신문』, 『교토신문』 등 세 곳의 언론사가 오늘 취재를 하러 왔습니다. 신문사들이 생각보다 관심을 가지고 저희의 활동을 지켜보고 있는 게 아닌가 싶습니다.

기본소득일본네트워크의 구성과 활동

최 제가 오늘 발표하면서 한국과 일본의 기본소득네트워크의 교류와 협력을 위해 매년 여름 두 나라가 번갈아가며 기본소득과 관련된 행사를 주최하자고 제안했는데요, 이에 대해 야마모리 교수[기본소득일본네크워크 사무국장이 된 도시샤대학 교수]는 매우 좋다고 하셨는데, 대표님의 말씀을 듣고 싶습니다. 이 제안은 강남훈 기본소득한국네트워크 대표를 포함해 운영위원 다수가 동의한 내용입니다. 아직 회의를 통해 공식적으로 결정된 사항은 아니지만 운영위원들 모두에게 이메일을 보내고 긍정적인 답을 받은 것입니다.

오자와 진심으로 감사드립니다. 저도 무척 좋은 제안을 받았다고 생각합니다. 다만, 저희 기본소득일본네트워크 조직이 연구자 중심의 조직이라, 말씀하셨던 대중적 활동을 하는 데에는 다소 힘에 부칠 것 같습니다. 제안해 주신 교류 프로그램은 적극적으로 검토하고 싶은데, 제가 대표라고 혼자서 결정할 수 있는 것은 아니고, 야마모리 교수를 포함해 운영위원들과도 상의를 해보아야 해서, 여하튼 당장 확답을 못 드려 죄송합니다.

최 현재 일본네트워크에 별도의 회원 규정은 없는 것으로 알고 있습니다다만, 인터넷에서는 열 분 정도의 이름이 공개되어 있더군요. [기본소득일본네트워크 설립총회를 거쳐 운영위원이 된 열 명은 다음과 같다. 오자와 슈지小沢修司 교토부립대학 교수이며 기본소득일본네트워크 대표, 가메야마 도시로亀山俊朗 오차노미즈여자대학 교수, 시즈메 마사토鎭目真人 리쓰메이칸대학 교수, 고바야시 하야토小林勇人 리쓰메이칸대학 교수, 무라카미 슈지村上慎司 리쓰메이칸대학 교수, 야마모리 도루山森亮 도시샤대학 교수이며 기본소득일본네트워크 사무국장, 히라노 히로야平野寛弥 사이타마현립대학 교수, 가타다 가오리堅田香緒里 사이타마현립대학 교수, 다무라 데쓰키田村哲樹 나고야대학 교수, 구보타 히로유키久保田裕之 오사카대학 교수.] 이 분들은 한국 네트워크의 운영위원들과 비슷한 역할을 하시는 분들인가요? 그리고 정기적인 모임을 열고 있습니까?

오자와 그렇습니다. 그 사람들은 운영위원의 역할을 하고 있습니다. 4월에도 모임을 가질 예정이고, 지금까지는 2개월에 한번 정도 모여서 회의를 했습니다. 저와 야마모리 교수는 교토에 있고, 그 외에 또 리쓰메이칸대학을 포함해 교토에 세 분 정도가 더 있고,

도쿄에 한 분, 사이타마에 두 분, 이런 식으로 흩어져 있어서 언제 모일지 정해 두는 것이 좀 어려운 점이 있습니다.

최 저희도 크게 다르지 않지만 대부분 서울에 있어서 그나마 나은 편입니다. 저희도 마찬가지로 운영위원 가운데 많은 분이 기본소득을 연구하는 교수들입니다. 비슷한 상황이라고 생각됩니다. 아직까지 응집력 같은 것이 부족해서 어려움이 있습니다. 솔직히 말씀드리면, 지난 1월 서울에서 열린 기본소득국제학술대회와 같은 큰 행사는 사실 힘에 부치는 일이었습니다. 오늘 행사는 그런 구성에 비하면 굉장히 많은 분들이 오셨고 다양한 목소리들을 들을 수 있어서 좋았습니다.

오자와 감사합니다.

"기본소득으로 이을 수 있는가, 바꿀 수 있는가"

최 이번 행사에 참가하면서 보니, 사회적 약자와 소수자 등 많은 사람들의 목소리를 듣기 위해 노력하신 것 같았습니다. 총회 홍보물에 적힌 "이을 수 있는가, 바꿀 수 있는가"라는 테마도 좋았다고 생각합니다. 오늘 설립 총회에서 마무리 말씀을 하실 때 이 "이을 수 있는가, 바꿀 수 있는가"라는 질문에 "이었다, 바꾸었다"로 답하며 결론을 내리신 것도 훌륭했습니다. 다양한 집단이 기본소득 문제에 관심을 가지고 있는데, 한국의 경우에는 그분들 스스로 기본소득을 알게 되고 관심을 가지게 된 경우도 있지만 우리가 먼저 그분들과 소통을 시도하고 관심을 환기시키려는 노력도 많이 하고 있습니다. 일본에서는 그 다양한 영역에 있는 분들이 기본소득에 관심을 갖게 된 계기가 기존의 기본소득 지지자들이 그분들을 직접 만나서 관심을 촉구한 것인지, 아니면 그런 과정 없이 그분들

스스로 보도나 출판물 등을 접하면서 그런 입장을 갖게 된 것인지가 궁금합니다.

오자와 스스로 그렇게 된 것입니다. 오늘 있었던 릴레이 토크나 분과회의 발언 등에서 보셨듯이, 장애인 단체 분들이나 '싱글 맘' 단체 분들이나 구시로 노동조합 분들도, 모두 각자의 영역에서 일하거나 생활하는 과정에서 모순을 느꼈던 것입니다. 과연 현재의 사회보장제도가 자신들을 구해 줄 수 있을 것인지, 지탱해 줄 수 있을 것인지와 같은 의문을 품게 만드는 현재의 상황은 아무튼 이상하다고 느끼면서 기본소득이라는 사고방식을 알게 된 것입니다. 저희가 직접 나서서 이야기하기보다는 책을 읽거나, 인터넷에서 정보를 접하거나 하면서 알게 될 기회가 있었을 것이고, 그런 방식으로 풀뿌리 차원으로 퍼져 나간 것이 아닌가 하고 생각합니다.

최 기본소득을 처음 접하는 사람들이 가끔 공상적이라고 비판하기도 합니다. 그런 이유 가운데 하나는 현실에서 기본소득의 필요성을 피부로 느껴서 지지를 표하는 현실적 주체들이 별로 없다고 생각하거나 기본소득은 그저 학자들의 이론에만 그치고 있다는 식으로 생각하기 때문이 아닌가 합니다. 저는 그런 측면의 비판을 넘어서기 위해서도 기본소득을 지지하는 각계각층의 목소리를 담아 내고 이를 연결하는 일이 더욱 중요하다고 봅니다. 사실 기본소득은 모든 사회 구성원과 직결된 문제이니만큼 모든 사람을 주체로 세울 수 있는 가능성이 다른 어떤 부분적인 제도를 주장하는 것보다 크다고 생각합니다. 아무튼 이번 행사를 보면서 다양한 목소리들을 연결하기 위해 많이 노력하셨다는 느낌이 들었고, 그 점이 인상적이었습니다. 한국에서도 기본소득을 스스로 접한 분들이 조금씩 늘어나면서 저희가 전혀 예상하지 못한 다양한 계층의 사람들을 많이 만나고 있습니다. 지난번 서울에서 열린 기본소득국제학술대회도 그런 계기 가운데 하나였습니다.

오자와 저 스스로도 오늘 다양한 분들이 모여 주셔서, 기본소득에 대한 기대, 기본소득에 대한 관심이 정말 풀뿌리 수준까지 있다는 것을 실감했고, 기뻤고, 더 힘내야겠다는 생각을 강하게 했습니다.

두 나라 기본소득네트워크의 교류와 협력

최 마지막으로, 저의 제안과 관련해서는 8월 말에 가이 스탠딩 교수와 야마모리 교수가 한국에 올 계획도 있고 하니, 한·일 양국의 기본소득네트워크가 함께할 수 있는 만큼의 수준에서 시작해 보면 좋겠다고 생각합니다.

오자와 예, 그런가요?

최 그때 맞춰서 간단하게라도 할 수 있는 만큼 여름 행사를 같이했으면 좋겠습니다. 그렇게 생각하고 있기 때문에 크게 부담 갖지 않으셔도 될 것 같고, 일본네트워크 다음 모임에서 편하게 이야기를 나누시고 할 수 있는 만큼 같이 계획을 세워 보면 좋겠습니다.

오자와 알겠습니다. 꼭 의논해 보도록 하겠습니다. 야마모리 교수가 기본소득일본네트워크를 대표해서 가는 형태는 괜찮은가요? 그렇다면 운영위원회에서 논의해서, 저희 네트워크에서 야마모리 교수를 한국에 보내는 방식으로, 그것을 교류와 협력의 첫걸음으로 하는 것은 충분히 가능할 것 같습니다.

최 개인적인 바람으로는 대표님께서 직접 한국으로 와 주신다면 더욱 좋으리라 생각합니다만.

오자와 제가 지금 학부장이란 것을 하고 있어서. (웃음) 시간적 여유가 그리 많지는 않네요. 날짜를 보지 않으면 모르겠지만, 여름방학이라 갈 수 있을지도 모르겠습니다. 하지만 아직 답을 드리기는 좀 그렇습니다.

최 오실 수 있기를 진심으로 바랍니다. 아, 갑자기 생각났는데, 기본소득을 지지하는 세키 히로노라는 분의 주장이 한국의 『녹색평론』이라는 잡지를 통해서 소개된 적이 있습니다. [関曠野, 2009와 関曠野, 2010를 말한다.]

오자와 아, 세키 씨. 잘 알고 있습니다.

최 운영위원은 아니신가요?

오자와 운영위원은 아닙니다. 세키 씨는 오늘 기본소득 재원 논쟁을 다룬 분과회의에서 마지막에 발언을 하셨습니다. 일본에서는 클리포드 더글러스의 사회신용론 개념[78쪽 참조]에 대한 논의를 세키 씨가 중심이 되어 펼쳐가고 있습니다. 더글러스의 사회신용론 속에는 기본소득과 같은 주장이 있으니까, 그런 방식으로 세키 씨가 기본소득에 대해 발언하고 계신 셈입니다.

최 큰 행사를 치르시느라 많이 피곤하실 텐데 장시간 인터뷰에 응해 주셔서 감사합니다. 마지막으로 기본소득한국네트워크의 회원들에게 보내는 연대의 메시지를 한 말씀 부탁드립니다.

오자와 최 선생님이 한국에서 와 주셔서 대단히 감사했습니다. 그리고 저희는 한 발 앞서 기본소득지구네트워크, 곧 BIEN에 가맹할 수 있었는데[기본소득일본네트워크는 2008년 6월 20~21일 아일랜드의 더블린에서 개최된 BIEN 총회에서 캐나다, 이탈리아, 멕시코의 기본소득네트워크와 함께 BIEN 가맹 조직으로 승인되었다. 한편, 기본소득일본네트워크는 BIEN 가맹 시점보다 훨씬 뒤늦은 2010년 3월 26~27일 일본 교토에서 설립 총회 행사를 열고, 공식적인 출범을 일본 국내에 알렸다.], 올해 브라질 상파울루에서 열리는 총회에서 한국의 네트워크도 BIEN에 가맹할 것이라고 하니[2009년 6월에 출범한 기본소득한국네트워크는 계획한 바와 같이 2010년 7월 2일 브라질 상파울루에서 개최된 기본소득지구네트워크 총회에서 가맹 조직으로 승인되었다.] 무척 반갑습니다. 특히 한국은 바로 옆에 있는 나라이기도 하니 서로 힘을 모아 앞으로 기본소득의 실현을 위해 노력해 나갔으면 합니다. 정말 감사합니다.

5.2 기본소득, 프레카리아트와 손을 맞잡아야

[인터뷰] 가이 스탠딩 기본소득지구네트워크 명예공동대표

필자는 2010년 3월 26~27일에 열린 기본소득일본네트워크 설립 총회에서 현재 기본소득지구네트워크 명예공동대표로 활동하고 있는 가이 스탠딩Guy Standing 영국 배쓰대학Universith of Bath 교수를 만났다. 이틀간의 공식 행사를 마친 다음인 3월 28일 아침에 교토의 한 호텔 레스토랑에서 그와 인터뷰를 했다. 기본소득지구네트워크의 창립 멤버로서 전 세계를 누비며 기본소득 운동의 확산에 크게 기여해 온 그는 1975년부터 2006년까지 국제노동기구ILO에서 여러 직책을 맡으며 다양한 연구 활동에 참여해 왔다. 마지막 7년 동안은 '사회경제보장 프로그램'의 책임자로 일하면서 기본소득과 매우 밀접한 연구를 수행하기도 했다. 그동안 노동경제학, 노동시장 정책, 실업, 노동시장 유연성, 구조 조정 정책, 사회보장 정책 등과 관련된 다수의 책을 썼고, 2009년에는 역작 『지구화 이후의 노동*Work After Globalization*』을 마무리했다. 그리고 그 해에 영국사회과학아카데미 회원으로 선정되기도 했다. 다음은 인터뷰 내용 전문이다. 녹취는 한동성이 도왔다.

가이 스탠딩
기본소득지구네트워크
명예공동대표

최 인터뷰에 응해 주셔서 감사합니다. 몇 가지 질문을 준비했습니다.

스탠딩 그건 그렇고, 우리 기지개는 언제 켭니까? [인터뷰 전날인 2010년 3월 27일 기본소득일본네트워크 설립 총회 순서 가운데 국제연대 세션에서 발표하게 된 필자는 청중을 향해, 피곤한 것 같으니 함께 기지개를 켰으면 좋겠다는 말로 발언을 시작했다.] (기지개를 켜며 웃음)

최 그럼 시작해 보겠습니다. '샤를 푸리에 그룹'[80쪽 참조]의 일원이셨던 적이 있습니까?

스탠딩 아닙니다. '샤를 푸리에 그룹'은 필립[2010년 현재 기본소득지구네트워크 국제자문위원회 의장을 맡고 있는 필립 반 빠레이스 교수]의 영역이었습니다. 벨기에 지역에서 활동했던 그룹이고, 벨기에 루뱅에 있는 그가 잘 알고 있습니다. 1985년인가 1986년에 루뱅에서 대회를 연 적도 있을 겁니다. 하지만 이건 전적으로 필립이 잘 알고 있는 이야기입니다.

'BIEN'이란 이름을 떠올린 사람

최 알겠습니다. 기본소득유럽네트워크(Basic Income European Network, 약칭 BIEN)의 창립 멤버이셨죠?

스탠딩 그렇습니다. 창립 멤버였고, 제가 그 이름을 생각해낸 사람입니다. '비앙(BIEN)'. 그때 우리는 모여 앉아서 기본소득에 대한 첫 토론을 벌이고 있었는데, 맥주를 마시면서, 제가 불쑥 말했던 겁니다. 네트워크를 만들고, 우리를 '비앙'이라고 부르면 어떻겠냐고 제안을 했지요. 'bien'은 프랑스어로 좋다는 뜻입니다. 그러자 즉시 모두들 "좋다(Bien)!"고 외쳤습니다. 그런 일이 있었던 겁니다. 그리고 저는 공동의장이 되었고, 2008년 더블린에서 열린 총회 때까지 공동의장을 지냈습니다. 그러고 나서는 이제 한 발 물러서겠다는 뜻을 밝혔습니다. 슬슬 다음 세대가 리더십을 발휘해야 할 때가 되었다고 생각했기 때문입니다.

최 기본소득 운동에 나서게 된 주된 동기는 무엇이었습니까?

스탠딩 시작의 계기를 말씀드리면, 1980년대 유럽에서는 고용 보장이나 노동 안정성, 그리고 이와 함께 있는 사회보장 등의 낡은 모델에 대한 거부 반응이 일고 있었습니다. 그런데 그 움직임은 노동시장 유연화를 향한 움직임이었습니다. 당시에 저는 노동시장을 유연화하려는 이러한 경향이 노동자들에게 불안정한 삶을 가져다줄 것이고, 그렇게 된다면 낡은 사회보장 모델은 더 이상 작동할 수 없을 것이라고 주장했습니다. 그리고 우리에게는 모두에게 공통되는 기초가 필요하다고 생각했습니다. 동시에 저는 시장이 그런 분배를 더 이상 담당하지 못할 것이라고 예상했습니다. 따라서 최초에 저의 입장은 기본소득으로 모든 사람에게 최소한의 보장을 해줌으로써 노동시장 유연화의 폐해를 막고, 이를 통해 저소득 노동자들에 대한 소득재분배 효과도 기대해 보자는 것이었습니다. 그리고 이런 이야기는 줄곧 해온 것인데, 기본소득의 정당성은 그것이 반드시 진보적인 수단이라는 점으로부터 나와야 합니다. BIEN의 역사를 보면, 한쪽에는 모든 사람이 과연 기본소득을 받을 권리가 있는가와 같은 철학적인 이야기를 하는 사람들이 있었고, 다른 한쪽에는 진보적인 경제학자들이 있었습니다. 저는 항상 두 번째 집단에 속했습니다. 우리는 기본소득을 평등을 향해 나아가기 위한 하나의 장치로서, 경제적 안정과 더불어 자유를 제공하기 위한 하나의 장치로서 이해해야 한다는 것입니다. 최근에 쓴 책[Standing, 2009]에서 그 문제를 다루려고 했습니다. 여하튼 그게 항상 제 근거였습니다. 그래서 총회 때마다 늘 이 점을 강조했습니다. 일부 철학적 자유 지상주의자들의 풍조가 지나치게 주류화되는 것을 막으려고 했습니다. 물론 둘 다 있는 건 좋습니다.

프레카리아트와 손잡는 일

최 서구에서 진보적progressive이라고 하면 하나씩 차근차근 나아가자는 입장과 가까운 것으로 알고 있습니다. 하지만 한국에서는 진보적이라는 말이 보통 급진적radical이라는 말과 상통합니다.

스탠딩 급진적? 아, 저도 급진적인 사람입니다. 하지만 저는, 어제 말했듯이, 우리가 무엇인가를 향해 급발진을 하지 않고 나아가는 사람들이라는 점을 드러내는 게 중요하다고 생각합니다. 완전한 단절을 주장하면 어떤 사람들은 겁먹을 것입니다. 그러면 우리는 이상주의자로, 낭만주의자로, 비현실적인 사람들로 비치고 말 것입니다. 우리의 목표는 사람들이 안정을 느끼게 해 주는 것이라고 봅니다. 불평등이 심화되는 대신 완화되리라는 것을 느끼게 해 주는 것 말입니다. 우리의 주장은, 사실상 모든 기본소득 지지자의 주장이기도 하지만, 우리가 권리를 향해 나아가고 있다는 것입니다. 하나의 보편적 권리를 향해 나아가는 것, 저는 그것이 진보적인 길이라고 생각합니다. 왼쪽에 있는 더 많은 사람들과, 오른쪽에 있는 사람들까지도 그걸 보고, 자기들 나름의 철학에 따라 '아 그러네. 무슨 이야기인지 알겠군.' 할 수 있다는 것입니다. 예를 들면, 기본소득을 지지하는 우파도 우리 중에 있습니다. 물론 좌파가 많습니다. 그래서인지 오랫동안 노동조합을 상대하느라 문제를 겪기도 했습니다. 저는 좌파라서 노동조합 일을 하는 친구들이 꽤 많습니다. 하지만 그들이야말로 기본소득의 가장 극렬한 반대자였습니다. 가장 극렬히 반대했습니다. 기억을 되살려 보면, 한번은 유럽노동조합 총회에서 갑자기 저를 초청한 적이 있습니다. 와서 강연을 좀 해 달라고 하더군요. 재미있었습니다. 왜냐하면 해 보니까 젊은 사람들일수록 기본소득에 대해서 생각을 한번 해 봐야 할 것 같다는 긍정적 반응을 보였기 때문입니다. 사실 여기 오기 전에 한 번 더 유럽노동조합이 브뤼셀로 저를 초청했습니다. 저는 저의 책을 가지고 이야기를 했습니다. 흥미로웠습니다. 오래된 사람들, 전통적인 산별노조에 있는 사람들은 하나같이 팔짱을 끼고 불편한 심기를 잔뜩 드러낸 표정이었던 반면, 젊은 사람들, 한 서른다섯 이하의 사람들은 하나같이 눈을 빛냈습니다. 그리고 스무 살쯤 되어 보이는 사람들은 강연이 끝나고 저한테 직접 다가와서 이거야말로 우리에게 필요하다고 말했습니다. 제가 '프레카리아트' 이야기를 하니까, 그들은 자신들이 그걸 잘 알고 있다는 반응이었습니다. ['프레카리아트(precariat)'는 '불안정한'이라는 뜻의 'precarious'와 'proletariat'의 합성어이다. 이 용어는 2003년 이탈리아의 한 길거리 낙서에서 처음 등장한 후에 전 세계로 확산되었다. 신자유주의의 확산이 프레카리아트라는 새로운 노동자 계층을 낳았는데, 이는 불안정한 노동을 하고 있는 비정규직 노동자뿐만 아니라 정규직이라 하더라도 매우 열악한 처지에 있는 노동자 모두를 포괄한다. 따라서 '비정규직 노동자'라는 용어보다 '프레카리아트'가 더 적절한 표현이라고 보기도 한다. 한국에서는 '프레카리아트' 대신에 '불안정 노동자'라는 표현을 쓰기도 한다.] 젊은 노동조합 활동가들일수록 반드시 프레카리아트와 손잡아야 한다고 생각했습니다. 그러지 않으면, 사실 망하겠죠. 그래서 이것이 중요합니다. 우리는 메시지를 가져야 합니다. 프레카리아트에게 전할, 젊은 사람들에게 전할, 옛날 같았으면 노동조합을 지지했을 그 사람에게 전할 메시지를 말입니다. 지금은 그 사람들이 그렇지 않습니다. 노동조합을 지지하지 않습니다. 왜냐하면 노동조합이 내세우고 있는 과제는 자신들을 위한 것이 아니라고 생각하니까요. 들어 보았자 흥미가 생기지도 않고, 뭐랄까, 자유와 창의와 자기 삶에 대한 자기 통제와 같은 비전을 발견하지 못하는 겁니다. 반면에 제가 보기에 기본소득에는 바로 이런 게 있습니다. '당신이 당신의 삶을 스스로 다스리고자 한다면, 당신에게 이것이 필요할 것이다. 그리고 동시에, 당신은 이 사회의 당당한 일원으로서 자긍심을 갖게 될 것이다.' 기본소득에는 이런 호소력이 있다는 말입니다. 이것은 진보적인 전략의 일부이기도 합니다. 따라서 우리는 좌파를 끌어들일 수 있습니다. 낡은 노동조합주의는 이렇게 할 수 없을 겁니다. 한번은 젊은 청중들과 대화할 기회가 있어 노동조합 이야기를 하니까, 별다른 관심이 없다는 반응이었습니다.

최 한국 노동조합들도 그와 비슷한 태도를 보이고 있습니다.

스탠딩 그럴 겁니다. 하지만 기본소득은 프레카리아트도 이해할 수 있는 주장입니다.

최 사실입니다. 한국에서도 프레카리아트에 해당하는 사람들은 기본소득 주장을 접하면 꽤 수긍하는 분위기입니다.

'일 급여' 대 '참여소득'

최 참, 어제 발표문[2010년 3월 27일 국제학술심포지엄에서 발표한 「지구화 이후의 노동Labour after Globalization」]을 보니 '일 급여Work Grants' 이야기가 있었습니다. 제 생각에, 이건 '참여소득'[83~84쪽 참조]과 비슷한 것이 아닌가 싶은데요?

스탠딩 아닙니다. 설명해 보죠. 아주 좋은 질문입니다. 이 책에서, 제가 도달한 결론은, 그러니까 저는 노동연계복지[70~72쪽 참조]를 좋아하지 않습니다. 그리고 동시에, 어떻게 하면 두려움에서 벗어날 수 있을까를 고민해 보고 싶었습니다. 어떤 두려움인가 하면, 만약 우리가 어떤 사람에게 뭔가 주는 것은, 여기서는 기본소득을 주는 것인데, 그러니까 어떤 사람들은 이걸 두고 아무것도 하지 않음에 대한 대가를 준다고 합니다. 맞습니까? 저는 참여소득이라는 발상을 좋아하지 않습니다. 뭔가 일을 해야만 하고, 그래야 기본소득을 받는 것이니까요. 제가 그걸 좋아하지 않는 이유는 이렇습니다. 하나는 꼭 뭔가 하도록 강제를 한다는 점이고, 다른 하나는 만약 제가 저 사람한테 어떤 일을 하라고 강제한다면 그 사람이 바로 제 임금과 일자리를 깎아 먹게 될 수 있다는 것입니다. 따라서 이건 이중적으로 부정적입니다. 그 사람에게 강제를 한다는 것과 그 사람이 당신의 기회를 깎아 먹는다는 것. 제가 보기에 이건 잘못된 겁니다. 하지만 그러면서도, 우리는 사람들이 일하도록 장려하고 싶고, 사람들이 일하는 것이 가능케 하고 싶습니다. 노동 labour이 아닌 일work을 말하는 겁니다. 예를 들어, 지금 우리는 다 남성인데, 우리도 어떤 돌보는 일care work을 하고 싶다고 가정합

시다. 가족을 위해서, 친구를 위해서, 또 자기 자신을 위해서 말입니다. 이것들도 일입니다. 그렇죠? 따라서 우리가 하고 싶은 말은, 이런 일을 정말 가능케 해 주고 싶다는 것, 도와주고 싶다는 것입니다. 강제하는 것이 아니라, 가능케 해 줄 수 있다는 것입니다. 만약 소득이 없다면, 그리고 아무런 보장도 없다면, 노동을 해야만 합니다. 노동에 시간을 써야만 합니다. 이때는 거부권이 없습니다. 반면에 보장이 있다면, 결정권이 생깁니다. '아 좋아, 돈 버는 건 때려 치워!' 할 수가 있습니다. 그래도 최소한 어머니를 돌본다든지 아픈 친척을 구완한다든지 하는 일은 할 수 있고, 그런다고 굶어 죽지 않을 수 있습니다. 그게 첫째 이유입니다. 그런데 여기서 제가 자문한 것이, 사실 어제도 이 말을 하려고 했는데 시간이 모자랐지만, 돌이켜 생각해 보면 노동이 아닌 일이 있고, 우리가 쉬고 재충전하기 위해 필요한 놀이가 있고, 여가 활동이 있습니다. 여가로 말하자면, 고대 그리스에서는 시민들이 도시의 공적인 삶에 참여할 수 있도록 지원금을 주기도 했습니다. 그것을 갖고 정치에도 가담하고 토론도 하고 결정도 내리고 그러라고 말이죠. 가령 정책에 대한 토론이 있다면, 사람들한테 시간이 필요하겠지요. 뭐가 좋고 나쁜지 따져 보고 생각해 보려면 시간을 쓰게 되어 있습니다. 자 여기서, 지구화와 정치의 상품화의 결과로 오늘날 우리가 맞닥뜨린 문제가 있습니다. 이건 어디서나 발견할 수 있는 문제입니다.

민주주의를 살리는 기본소득

최 어떤 사람들은 그 문제를 포스트민주주의Post-Democracy의 특징으로 규정하기도 합니다. ['포스트민주주의'라는 용어는 영국의 사회학자 콜린 크라우치Colin Crouch가 처음 사용한 것이다. 그는 현재의 정치가 여론을 조작하는 기법 등은 발전시켰지만, 정당 정책의 내용과 정당 간 경쟁은 진부하고 활기가 없어졌다고 본다. 그는 이러한 정치 현실을 비민주적이거나 반민주적이라고 규정하기는 어렵지만, 그렇다고 민주주의라고 말할 수도 없다고 본다. 너무나 많은 시민들이 조작되고, 수동적이며 공공 사안에 거의 참여하지 않는 축소된 역할만을 하고 있기 때문이다. 그래서 그는 '포스트민주주의'라는 개념의 사용을 제안한다. 그는 포스트민주주의 시대를 추동한 가장 강력한 힘을 경제의 지구화로 보고 있다(Crouch, 2004).]

스탠딩 그렇죠, 그렇게 규정할 수 있습니다. 이것은 정치의 판매입니다. 따라서 정당은 이런 고민을 하게 됩니다. 어떤 말을 내보낼지, 어떤 얼굴을 내세울지 말입니다. 이런 온갖 판촉 탓에 민주주의는 점점 더 약화됩니다. 맞나요? 프레카리아트는 이것을 압니다. 그들은 바보가 아닙니다. 사람들은 바보가 아닙니다. 그들은 보고 있습니다. 따라서 무슨 일이 벌어집니까? 그들이 정치에 참여하지 않는 겁니다. 맞습니까? 제가 학생이었을 때, 영국에선 성인 열 명 중에 한 명 정도는 어떤 정당의 당원이었습니다. 오늘날에는 아흔 명에 한 명 꼴입니다. 제가 학생이었을 때 투표권자의 4분의 3 정도는 실제로 투표를 했습니다. 그런데 오늘날에는 투표율이 3분의 2를 밑돌고 있습니다. 곧 있으면 영국에서도 총선이 있는데, 아마도 겨우 60% 정도의 사람들이 투표하는 것을 확인할 수 있을 겁니다. [지난 2010년 5월 6일에 치러진 영국 총선의 투표율은 가이 스탠딩의 예상보다 조금 높은 65.1%로 나타났다. 참고로, 지난 2001년과 2005년 총선의 투표율은 각각 59.4%, 61.4%였다. 이번 총선의 투표율이 높아진 이유로는 여러 가지가 언급되었는데, 아무도 부인하지 못한 이유 가운데 하나는 영국 총선 사상 처음으로 도입된 텔레비전 토론이다.] 이것은 당선자가 유권자 중에서 고작 25% 정도의 표를 받게 된다는 뜻입니다. 이게 민주주의인가요? 아닙니다. 이것은 전체의 4분의 3이나 되는 사람들이 당선자에게 투표하지 않는다는 뜻입니다. 말이 안 되는 거죠. 도덕적으로, 윤리적으로 말이 되는 단 하나의 조건은 이런 것이라는 게 제 주장입니다. '보세요, 당신은 이 나라의 이 사회의 구성원입니다. 당신은 이 사회의 일원이기에 기본소득을 받고 있습니다. 하지만 그 대가로 당신은 투표에 응해야 합니다. 그러니 서약에 서명을 하세요.' 기본소득을 받기 시작하는 때부터 투표에 응하겠다는 내용 같은 것입니다. 저는 투표를 강제하고 싶지는 않습니다. 그건 문제가 됩니다. 그건 자유를 침해하니까요. 그리고 불가능합니다. 몸이 아프다든지 할 수도 있고 말이죠. 그래서 이 사회의 구성원으로서 투표를 하겠다는 '도덕적 서약'을 하는 것입니다. 그리고 또 하나 제안하고 싶은 것은 사람들로 하여금 공동체의 모임에 최소한 일 년에 한 번은 참석하겠다는 서약을 받는 것입니다. 여기서 모임이란, 마을회관에서 열릴 수도 있고 시민회관에서 열릴 수도 있고, 여하튼 다양한 정당들이 사람들에게서 질문을 받을 수 있는 자리입니다. 왜 당신들은 장애수당을 주지 말아야 한다는 정책을 갖고 있느냐와 같은 질문을 하면 정치인이 답변하는 식으로 말이죠. 누구나 참여할 수 있는 자리가 되어야 합니다. 이런 시도가 정치의 상품화와 정치의 판촉에 맞서 정치적, 민주적 절차들을 강화할 수 있을 것입니다.

최 그런데 확인은 하지 않는 것인가요?

스탠딩 어떤 확인을 말하는 거죠?

최 예를 들면, 투표를 했는지 안했는지를 확인하는 것 말입니다.

스탠딩 확인은 하지 않고, 하도록 도덕적으로 권할 뿐입니다. 다시 말해서, 기본소득을 받기 위해서 등록을 할 때에.

최 그냥 일종의 약속을 한다는 건가요?

스탠딩 그렇죠. 약속입니다. 다시 말해서, 누군가가 투표를 하지 않기로 결심한다면, '좋습니다. 그건 당신의 자유입니다. 하지만 당신은 우리 사회와 서약을 했습니다.'라고 말할 수 있습니다. 지금 제가 한 이야기에 대부분의 사람들이 동의할 수 있다고 생각합니다.

최 이해했습니다. '참여소득'과는 전혀 다른 것이군요.

스탠딩 그렇습니다.

최 여기서의 일work은 활동activity이라고 할 수도 있겠군요.

스탠딩 그렇습니다. 노동이 아닌 모든 종류의 활동이라고 할 수 있지요.

참여? 그 조차 힘든 사람들

최 참여소득을 주장하는 사람들도 참여소득의 '참여'가 '사회적 활동'을 의미한다고 주장하지 않나요?

스탠딩 저도 사회적 활동에 호의적입니다. 오해가 없기를 바랍니다. 단지 제 말은 그게 조건이 되어서는 안 된다는 것입니다. 그게 조건이 되지 말아야 할 다른 이유도 있습니다. 많은 사람들이 그런 활동을 하는데, 그건 전혀 문제가 아닙니다. 그들이 그걸 즐기니까요. 그리고 그들에게 그게 맞으니까요. 따라서 공동체의 일에 대한 참여를 말한다면, 우리 모두가 그건 할 수 있습니다. 하지만 누군가 아프다거나, 누군가 아이가 생겼다거나, 직업으로 스트레스를 너무 받았다거나, 그런 사람들에게는 참여해서 소득을 받으라고 하는 게 더 부담스럽습니다. 즉 어떤 사람들은 참여소득을 받기가 다른 사람들보다 힘들 것입니다. '참여 활동'으로 숲에 가서 쓰레기를 주우라고 하면 저는 즐거울 겁니다. 저는 숲을 좋아하거든요. 그런데 다른 사람은 그게 끔찍하다 여길지도 모릅니다. 숲을 싫어할 수 있으니까요. 참여에는 너무 많은 의문이 뒤따릅니다. 사람들에게 공동체 활동을 시키겠다면, 돈을 줘라 이겁니다. 제대로 하라고 말이죠. 제가 공공근로를 싫어하는 것과 같은 이유입니다. 공공근로는 마치 빈민을 위하는 척 합니다. 빈민에게 임금노동을 제공한다고 말이죠. 하지만 공공근로를 할 수 없는 많은 사람들이야 말로 진짜 가난한 사람들입니다. 아프다든지, 장애가 있다든지, 아이를 부양하는 여성이라든지, 공공근로가 벌어지는 곳에서 너무 떨어진 변두리에 산다든지 등등의 이유로 말입니다. 따라서 이런 종류의 제도를 도입할 때마다 의도치 않게 편견을 불러오게 됩니다. 그리고 물론 공공근로를 하게 되면 사람들은 그것을 하기 싫어도 해야 합니다. 그래서 결국은 잘 하지도 못하죠. 예를 들어, 장마가 찾아오면 공공근로로 만들어 놓았던 길이 사라져 버리기도 하니까요.

모든 진보적 발상이 주류가 되기까지

최 기본소득 운동에 25년 넘게 헌신해 오셨습니다. 혹시 염증을 느끼셨던 적은 없었습니까?

스탠딩 무슨 말인지 알겠습니다. 누구나 급진적인 운동에 몸담고 있는 사람이라면 얻어맞을 각오가 필요할 겁니다. 슬프지만 그것이 현실이라 생각합니다. 사회당 활동을 하면서 많은 어려움을 경험했을 것입니다. 하지만 신념을 가지고, 어떻게든 포기하지 않는다면 해낼 수 있겠지요. 물론 저도 망연자실했던 때가 있었습니다. 특히 제가 국제노동기구ILO에서 일하던 시절에 그랬습니다. 사람들이 제 주장을 알려고 하지도 않은 채 공격하는 일이 오랫동안 계속되었기 때문입니다. 그리고 오해를 받기도 했습니다. 때로는 저를 고용한 사람들과도 마찰이 있어서 두 번이나 쫓겨났습니다. 쫓겨나서 실업자가 되기도 했죠. 하지만 어떻게든 해 나가려고 했습니다.

완강함이라고 아시죠? 제 성격의 일부이기도 합니다. 뒤돌아본다면 모든 진보적인 발상은 주류가 되기까지 긴 세월이 필요했습니다. 언제나 그런 식이었습니다. 우리는 25년쯤 해 왔습니다. 그 기간 중에서 한 15년 정도는 외로웠습니다. 이해가 되나요? 사람들이 별로 많지 않았습니다. 하지만 최근 10년은 상황이 훨씬 더 낙관적으로 되었습니다. 그러니까 브라질에서 보는 바와 같이 라틴아메리카에서도 진전을 보았고, 동아시아에서도 이렇게 진전을 보고 있는 것이죠.

최 몽골을 포함해서요.[52쪽 참조]

스탠딩 그렇습니다. 아프리카에서도, 국제 기부 단체들이 드러내는 관심에서도 흥미로운 진전을 보았습니다. 어제도 말했지만, 1999년에 세계은행이 저를 초청한 일이 있습니다. 워싱턴에 있는 세계은행 본부로 와서 발표를 해 달라고 하더군요. 거긴 아주 적대적이었습니다. 생각해 보세요. 그들이 저를 깎아내렸으면 한다는 것을 알면서 제가 가야 하는 상황을 말입니다. 기분 좋은 일은 아닙니다. 안 좋은 소리를 들으려고 그 먼 길을 가야하다니요. 자주 하고 싶은 일은 아닙니다. 하지만 제가 그런 것을 감수하는 까닭은 희망이 있다고 생각하기 때문입니다. 많은 사람들 앞에서 그렇게 발표를 하고 나면, 그 청중 가운데 한 명이나 두 명쯤은 발표가 끝나고 돌아가서는 진지하게 고민해 보지 않을까요? 그게 제가 생각하는 방식입니다. 그리고 여러 번 그런 경험을 했습니다. 가서 비판의 화살을 많이 맞을 줄은 저도 압니다. 그래도 한두 명쯤이라도 이해하는 사람이 있겠지 하는 기대가 있었고, 실제로 그랬습니다. 그리고 지난해에 세계은행이 저를 초청해서 그 자리에 섰을 때, 저는 이런 이야기를 하지 않을 수 없었습니다. "십 년 전에도 저는 이 자리에 섰습니다. 그리고 다시 오신 분들이 있습니다.

그래요, 계속 오십시오!" (웃음) 하지만 힘든 건 사실입니다. 저는 훌륭한 사람들이 자신감을 잃고 활동을 그만두는 것을 보았습니다. 안타깝지만, 예상 가능한 일입니다. 아니, 예상했어야 합니다. 정치에서는 그런 일이 일어난다는 것을 유념해야 합니다. 하지만 그게 우리가 진보적이지 말자는 뜻은 당연히 아닙니다.

기본소득 중독자

최 아내는 가끔 저를 기본소득 중독자라고 부릅니다. (웃음) 항상 뭔가를 기본소득과 연결시키려고 하기 때문이죠. 사회경제적인 문제에 대해서 이야기할 때면 언제든 그랬으니까요. 하지만 저는 깨달았습니다. 수플리시 상원의원을 만났을 때 말이죠.

스탠딩 진정한 중독자가 무엇인지를!

최 저는 그의 중독에 비하면 중독조차 아니었던 겁니다. 그런 이야기, 혹시 못 들어보셨는지요?

스탠딩 이 이야기는, 그는 이야기하지 않겠지만, 아니 그도 이야기해 줄 것 같네요.

최 기본소득국제학술대회 때 만난 반 빠레이스 교수가 수플리시 상원의원과 관련한 몇 가지 일화가 있다고 이야기해 주었습니다.

스탠딩 지난 1994년이었던 것으로 기억합니다. 우리는 그때 런던에서 대회를 열었습니다. 에두아르두[2010년 현재 기본소득지구네트워크 명예 공동대표를 맡고 있는 에두아르두 수플리시 상파울루 주 연방상원의원]가 대회에 오기로 했는데, 그때 그는 기본소득 지지자가 아니었습니다. 그는 믿지 않았었고, 아니 생각조차 해 보지 않은 사람이었습니다. 그런데 그가 대회에 왔고, 필립과 저를 만나 토론했습니다. 그리고 에두아르두는 기본소득에 대해 생각하기 시작했죠. 나중에 그가

브라질로 우리를 초대했는데, 그때 보니 그는 점점 더 기본소득이라
는 발상에 몰입하고 있었습니다. 그리고 물론 지금은, 완성되었죠.
기본소득을 빼고는 이야기가 안 됩니다. 들려주고 싶은 일화가
하나 있습니다. 아 물론 그는 저의 좋은 친구이기도 하고, 이곳에
오기 전에도 통화를 했습니다. 오늘 아침에는 제가 이메일도 보냈
죠. 좋은 친구입니다. 어쨌든, 작년에 제가 참석한 행사에 그도
함께 참석했는데, 그때 그가 이런 이야기를 해 주었습니다. 일전에
비행기를 탔는데, 옆자리에 앉은 여성이 그에게 무슨 일을 하시냐고
물었다는 겁니다. 그러자 그는 "기본소득이라고 들어보셨습니까?"
로 말문을 꺼내고, 비행 내내, 그러니까 아마 멕시코부터 보스턴까
지, 이 여성에게 기본소득에 대해서 이야기했다는 겁니다. 비행기에
서 내리며 작별 인사를 할 때, 그 여성이 그에게 이렇게 말했다고
하더군요. "문제가 뭔지는 잘 모르겠지만, 해답은 기본소득인 게
확실하네요!"

최 그는 항상 그러는가 봅니다.

스탠딩 그렇죠. 저는 상파울루에 몇 번 갔었는데, 그곳 사람들 누구나
그를 존경하더군요. 거리에서 만난 사람들도 그를 존경하고, 그가
무엇을 내세우는지 알고 있었습니다. 그가 소신이 있는 사람이라는
것을 알고 있죠. 그가 스스로 말하는 바를 확신하고 있으며, 기본소
득이 진정으로 가난한 이들을 도울 것이라고 확신한다는 것을
사람들이 아는 거죠. 그게 그들이 그에게 투표하는 까닭입니다.
그를 신뢰하니까요. 그리고 그게 제가 늘 하는 이야기이기도 합니
다. 특히 진보적인 정책이 당장 인기가 많은 것이 아님에도 그
진보적인 정책을 지지하는 그런 사람을 바로 제가 좋아합니다.
기회주의적으로 행동하는 것이 아니라는 게 확실하니까요.

최 저는 그가 진짜 정치인이라고 생각합니다.

스탠딩 그렇죠. 훌륭한 정치인입니다.

한[녹취자 한동성] 개인적으로 저도 비슷한 일을 겪었습니다.

최 (웃음) 공항에서 호텔로 가는 길에서 그랬죠.

한 지난 서울 학술대회 때 저희 두 사람이 수플리시 상원의원을 호텔로
모시려고 공항으로 마중을 나갔습니다. 그는 호텔로 가는 길 내내,
저한테 기본소득 강연을 했습니다. 제가 이미 기본소득 지지자라고
말했는데도 말이죠.

스탠딩 문학작품에 나오는 어떤 주인공이 있지요? 그를 보면 늘 생각
나는 인물이 있습니다. 한국에서도 이 작품이 널리 읽히는지는
잘 모르겠지만, 돈키호테라고 아실 겁니다. 하지만 그는 정말 좋은
사람입니다. 제가 한 이야기가 질문에 대한 답이 되었는지 모르겠네
요.

새로운 진보적 비전

최 마지막으로, 기본소득한국네트워크의 회원들에게 조언 한 말씀
해 주셨으면 합니다.

스탠딩 저는 우리가 언어를 탈환하는 데에 많은 노력을 기울여야
한다고 생각합니다. '진보 정치'의 언어에 대해서 생각해야 합니다.
그리고 그것이 가져다주는 심상에 대해서도, 우리가 이 발상들을
나타내기 위해 쓰는 표현들에 대해서도 마찬가지입니다. 우리는
새로 늘어나고 있는 계급, 제가 '프레카리아트'라고 부른 계급의
마음을 사로잡을 수 있는 방식으로 말해야 합니다. 언제나 이
사람들을 일순위로 생각하고 있어야 합니다. 제 생각에 한국과
같이 선진국과 개발도상국의 중간에 있는 나라들은, 기본소득 논의
가 발전할 수 있는 아주 적절한 장소입니다. 이 나라들은 거대한

산업 프롤레타리아트를 가질 수 없기 때문입니다. 따라서 어떤 측면에서 보면, 한국에 있는 여러분들은, 저는 '짐짝'이라고 부르는데, 과거의 수많은 무거운 짐들을 가지고 있지 않은 셈입니다. 그런 것이 있을 때 진보적인 사람들은 거기에 갇혀 버립니다. 미국의 예를 하나 들자면, 미국의 진보적인 사람들 중 일부는 항상 과거를 뒤돌아보고 있습니다. 이는 그들이 진보를 이루었다고 믿고 있던, 과거의 찬란한 시절에 연연하는 것입니다. 저는 그들이 그 시절에 가졌던 모델이 그다지 진보적이었다고 생각하지 않습니다. 하지만 어쨌든 그들은 계속 뒤만 바라보고 있고, 세상을 거꾸로 돌려놓고자 합니다. 한국과 같은 나라는 경제를 일군 것이 겨우 최근 50년간의 일입니다. 그렇기 때문에 새로운 진보적 비전의 등장을 가로막는 과거의 망령들이 별로 없을 겁니다. 저는 기본소득네트워크에 있는 사람들이 대중의 신망을 얻기를 바라고, 기본소득에 대한 이런저런 비판에 대해서도 적극적으로 응전하라는 말씀을 드리고 싶습니다. 재원 시비에 맞서 싸우십시오. 노동 의욕 시비에 맞서 싸우십시오. 이런 문제들에 맞서 제대로 싸우다 보면, 점점 더 많은 사람들이 모여드는 것을 확인할 수 있을 것입니다. 그리고 무엇보다도, 여성에 대한 호소력을 갖추는 문제에 대해 각별히 신경을 쓰시기 바랍니다. 저는 여러 곳에서 기본소득네트워크에 여성이 충분히 많이 함께하지 못함으로써, 기본소득이 여성의 문제이기도 하다는 점을 잘 인식시키지 못하는 모습을 보았습니다. 이 문제에 대해 반드시 주의를 기울여야 합니다.

최 감사합니다. 유념하겠습니다.

스탠딩 서울에서 다시 보게 되길 바랍니다.

최 8월 말 한국과 일본 양국의 기본소득네트워크가 공동으로 주최하는 행사에 꼭 모시겠습니다. 그럼 그때 뵙도록 하겠습니다.[2010년

8월 19일 서울시립대에서 '한국·일본의 기본소득 비전과 대안운동의 새로운 패러다임'을 주제로 한 제1회 한·일 기본소득네트워크 공동 심포지엄이 열렸다. 가이 스탠딩은 이날 「한국의 프레카리아트와 기본소득」이라는 글을 발표하고 종합 토론에도 참여했다.]

5.3 기본소득지구네트워크, 브라질을 가다

[참가기] 기본소득지구네트워크 제13차 대회

'기본소득, 정의와 평화의 수단'이라는 주제로 2010년 여름 브라질 상파울루에서 열린 기본소득지구네트워크 제13차 대회에는 필자를 포함하여 기본소득한국네트워크의 운영위원 다섯 명이 다녀왔다. 이 참가기는 기본소득한국네트워크 웹사이트에 7회에 걸쳐 연재했던 필자의 참가기를 바탕으로 2010년 8월에 새롭게 쓴 것이다.

2010년 6월 30일부터 7월 2일까지 사흘 동안 열린 기본소득지구네트워크(Basic Income Earth Network, 약칭 BIEN) 제13차 대회에 참여하기 위해 총 비행시간 25시간이 넘는 먼 길을 날아 브라질 상파울루로 갔다. 한국과는 정확하게 12시간의 시차가 있는 곳이다. 시차 적응, 처음에는 대수롭지 않게 생각했는데, 보통이 아니었다. 적응하는 데 며칠이 걸렸다. 나중에 한국에 돌아와서도 마찬가지였다. 원래의 상태로 돌아오는 데 사나흘은 걸린 것 같다.

중간에 카타르의 수도인 도하를 경유했다. 도하는 해안에 접한 도시이지만, 건물이 있는 곳을 제외하고는 사막이나 다름없는 곳이었다. 처음 비행기에서 내릴 때는 한증막에 들어가는 기분이었다. 기온은 섭씨 40도에 육박했다. 도하에는 마천루들이 즐비했다. 도하로 가는 길에 잠깐 눈을 뜬 적이 있었다. 바깥을 내려다보니 멀리 희끄무레한 산들이 보였고, 그 위로는 달이 떠 있었다. 아마도 히말라야산맥 근처였던 것 같은데, 만년설이 수북하게 쌓인 산들이 잔잔한 파도 무리처럼 끝없이 펼쳐져 있는 것이 참으로 인상적이었다.

도하에서 비행기를 갈아타고 아라비아반도를 가로질러, 홍해를 횡단하고, 아프리카대륙을 지나 대서양을 건넜다. 그리고 드디어 남미대륙에 도착했다. 리우데자네이루 옆을 지나며 상파울루에 도착한 것이다. 상파울루는 참으로 큰 도시였다. 서울보다 좀 크게 느껴졌다. 약간은 설레는 마음으로 비행기에서 내렸다. 상파울루는 자동차들이 사람을 압도하는 회색빛 도시였다. 다양한 인종들이 어우러져 살아가는 곳이긴 하지만, 이방인들에게 푸근한 느낌을 주는 그런 도시는 아니었다. 그리고 술과 커피를 빼고는 물가가 서울보다 비쌌다. 공항에서 택시를 타고 시내 중심부에 있는 숙소로 갔다. 택시비도 비쌌다. 100헤알. 원화로 7만 원이 조금 넘었다.

좌로부터 필자, 기본소득한국네트워크의 강남훈 대표, 곽노완, 조성희, 안효상 운영위원

지구 반대편까지 날아가다

6월 30일 이른 아침부터 시작된 행사에 참여하기 위해 시내 숙소에서 부리나케 택시를 타고 상파울루 서남부에 위치한 상파울루대학으로 달려갔다. 제법 먼 거리였음에도 빨리 도착할 수 있었던 것은 바로 버스전용차로 덕분이었다. 상파울루에서는 버스전용차로에 택시도 달릴 수 있었기 때문이다. 서울의 택시기사들이 부러워하겠다고 생각했다. 상파울루대학은 정말 큰 규모를 자랑한다. 학생 수가 무려 7만 명을 넘는다고 한다. 학교 안으로 한참을 들어오니 주유소까지 있었다. 지나가는 차량들도 많아서 학교가 아니라 마치 시내 한 복판에 서 있는 그런 느낌이었다. 드디어 도착한 상파울루대학 경제행정학부 건물 앞에는 BIEN 제13차 대회 행사를 알리는 대형 현수막이 걸려

있었다.

건물 안으로 들어가 참가 등록을 하고, 본 행사의 시작을 기다렸다. 기다리는 동안 낯이 익은 분들과 잠깐씩 인사를 나누기도 했다. 2010년 1월 서울에서 기본소득국제학술대회가 열렸고, 필자는 3월 말 일본 교토에서 열린 기본소득일본네트워크 출범 행사에도 참석했기에 안면이 있는 분들이 제법 있었다. 안드레아 푸마갈리 이탈리아기본소득네트워크 부대표와는 익숙하지 않은 포옹 인사를 나누기도 했다. 야마모리 도루 기본소득일본네트워크 사무국장과는 벌써 세 번째 만남이었다.

브라질에서의 대회와 관련된 것은 아니지만, 야마모리 도루 사무국장은 2010년 8월 18일 서울에 다시 왔다. 8월 20일과 21일 양일간 진행된 동아시아사회정책네트워크East Asian Social Policy Network 주최의 학회에 참석하기 위해서였는데, 이에 맞춰 8월 19일에는 제1회 한·일 기본소득네트워크 공동 심포지엄이 열렸다. 이 때문에 그는 하루 더 일찍 왔다. 마침 가이 스탠딩 기본소득지구네트워크 명예공동대표도 학회에 참석하기 위해 왔는데, 그 역시 공동 심포지엄에 참여했다. 동아시아사회정책네트워크가 이 두 사람을 주요 강연자로 초청한 이유는 기본소득에 대한 폭넓은 관심이 반영된 것이었다.

세계 곳곳에서 모인 사람들

이번 대회 참가자들의 국적은 모두 30개국이 넘었고, 310명 이상이 공식적으로 참가 등록을 했다. 나중에 에두아르도 수플리시 브라질 상원의원에게 이번 대회가 어땠냐고 묻자, 예상에서 크게 빗나가지 않게, 역대 대회 가운데 가장 훌륭한 대회였다고 자평했다. 이번 대회가 첫 참가였기 때문에 어느 대회와도 비교를 할 수 없었던 필자는 "아, 네!"하며 그냥 고개만 끄덕거렸다. 대회 도중 평소 이름만 알고 지내던

많은 사람들을 직접 만나 인사를 나눈 일은 적잖은 즐거움이었고 보람이었다. 그 중에서도 특히 인상 깊었던 만남이 있었다.

사진 오른편에 앉아 있는 분은 캐리 폴라니 레빗, 캐나다 맥길McGill대학 경제학 명예교수이다. 이렇게 소개하면 누군지 모르겠다는 분들이 많겠지만, 한국에서도 널리 알려진 경제

필자와 캐리 폴라니 레빗 교수

인류학자 칼 폴라니의 외동딸이라고 하면 많이들 고개를 끄덕일 그런 분이다. 아버지의 그늘에 묻힌 감이 없지 않지만, 그녀 역시 2차 세계대전을 겪는 와중에 런던정경대학LSE을 졸업하고 이후 많은 업적을 남긴 훌륭한 경제학자이다.

그런데 그녀가 여기에 왜? 열렬한 기본소득 지지자이기 때문이다. 1923년 비엔나에서 태어났으니, 2010년인 올해 만 나이로 87세. 나이에 비해 매우 건강해 보였지만, 그래도 캐나다 몬트리올에서부터 10시간이 훨씬 넘게 비행기를 타고 이곳 상파울루까지 왔다니 참으로 대단한 분이다. 물론 올해 4월 15일과 16일 양일간 캐나다 몬트리올에서 미국기본소득보장네트워크U. S. Basic Income Guarantee Network(약칭 USBIG)와 캐나다의 기본소득네크워크BIEN Canada가 공동으로 주최한 기본소득 학회에서 에두아르두 수플리시 상원의원을 만나 강력한 참가 요청을 받았다고는 하지만 말이다. 사실 그의 요청을 거절하기란 그리 쉬운 일이 아니었을 것이다.

칼 폴라니의 외동딸

아무튼 쉬는 시간에 잠시 짬을 내 행사장 바깥 쉼터에서 그녀와 두런두런 이런저런 이야기를 나눴다. 아버지 칼 폴라니에 대한 이야기, 『거대한 전환Great Transformation』의 한국어판 이야기, 한국의 기본소 득네트워크에 대한 이야기 등등. 그녀는 자신의 아버지가 정당한 평가 와 관심을 받지 못하고 있다며 안타까워했다. 예를 들어, 캐나다에 있는 대학의 경제학과 등에서도 칼 폴라니의 저작은 전혀 다루어지지 않는다고 했다. 글로벌 경제 위기 이후 한국의 시민사회와 학계에서는 그에 대한 관심이 매우 높아졌다고 다소 위안이 될지도 모를 소식을 전했으나, 대학에서는 어떠냐는 질문에 캐나다와 마찬가지라고 답할 수밖에 없었다.

어머니가 돌아가신 이후로 자신이 아버지를 대신한 새로운 인세 계약자가 되었기 때문에, 『거대한 전환』의 한국어판이 지난 2009년에 새롭게 나온 것에 대해 잘 알고 있었다. 그리고 오래전 해적판의 존재도 거론했다. 지금은 인세 잘 받고 있다며, 웃기도 했다. 중국에서도 그 책이 번역이 된 것처럼 말했는데, 어떤 사람들이 그 책에 관심을 갖고 있는 것인지 물으셨다. 물론 모른다고 빠른 답변을 할 수밖에. 한국에서 기본소득이 널이 알려지게 된 경로도 캐물었다. 인자하고 푸근한 옆집 할머님 같으신 분이었다. 시간이 좀 더 느리게 갔으면 했다. 그분의 다정하고 온화한 말투만큼이나.

캐리 레빗 교수는 7월 2일 대회 마지막 날 오후 특별 세션에서 발표했다. 40분이 넘는, 원고도 없는 열강이었다. 아버지 칼 폴라니에 대한 이야기, 나머지 가족에 대한 이야기를 섞어 20세기 가족사와 경제사를 쭉 정리한 다음, 기본소득에 대한 이야기로 끝을 맺었다. 아버지가 물론 기본소득을 명시적으로 언급한 적은 없지만, 자신이 아버지의 사상을 유추해 보면 분명 기본소득을 지지했을 것이라고 힘주어 말했다. 또한 자신의 아버지를 '사회주의자'로 정의했다. 다만, "개인의 자유를 강조한 사회주의자"라는 말을 덧붙였다. 쿤 벨라Kun Béla가 헝가리소비에트공화국을 세우기 위해 카로이Karolyi 정부를 전복하자 비엔나로 쫓길 수밖에 없었던 자신의 아버지가 소비에트식 사회주의와 분명한 선을 그은 것은 너무나 당연했을 것이다.

특별 세션에서 발표하고 있는 캐리 레빗 교수 (사진 왼쪽)

다음은 캐리 레빗 교수의 예전 발표문 가운데 한 구절이다. 그녀의 생각을 잘 요약해 보여 주는 것 같다. 기본소득은 그녀의 오랜 경제학 연구의 결론 가운데 하나가 아닐까 싶다.

자본주의 질서의 전환은 노동의 가치, 인간에게 필수적인 것의 가치, 자연의 가치에 대한 새로운 셈법을 요구한다. 안전, 보살핌, 존중과 보호와 같은 기본적으로 인간에게 필수적인 것들이 공식 경제학에서는 설 자리가 없기 때문이다. 우리가 경제적 결정을 해야 할 때, 근원적인 가치 체계는 현실 사회에서 실제 사람들이 살아가고 있는 현실과 조응하는 것이어야 하며, 우리가 자연환경과 그 진정한 한계들에 진정으로 의존하고 있다는 사실을 인식하는 것이어야 한다. (Levitt, 2004)

사진에서 가장 오른쪽에 앉아 있는 사람은 독일의 클라우스 오페 교수다. 그는 BIEN의 창립 멤버이기도 하다. 그는 이날 저녁에 개최된 BIEN 총회에서 기본소득한국네트워크Basic Income Korean Network(약칭 BIKN)의 인준 안건을 처리하던 중 'Korean' 명칭 문제로 잠시 논란이 일자 이를 명쾌하게 정리해 주기도 했다. 한국 사정에 밝은 덕분이었다. 발언을 마치고 옆에 앉은 필자를 힐끔 쳐다보더니, "나 잘 정리한 거 맞죠?"라며 미소를 지었다.

2010년 7월 2일 오후 7시 반, 브라질 상파울루대학 경제행정학부 대형 강의실에서는 BIEN 총회가 열렸다. 총회는 2년마다 치러지는 BIEN 대회의 마지막 날 대회 행사를 모두 마치고 열린다. 총회의 구성원은 BIEN의 평생회원들이다. 현재 전 세계에 200여명가량의 평생회원이 있다. 한국에서는 현재까지 필자를 비롯해 4명의 평생회원이 있다.

총회가 진행될 때 찍은 사진으로 사람들을 소개하기로 하자. 단상에 있는 다섯 명을 오른쪽부터 소개하면, 기본소득지구네트워크 공동의장인 잉그리드 반 니커크(남아공경제정책연구소), 역시 공동의장인 칼 와이더퀴스트(미국 조지타운대학 교수), 회계 담당인 알마즈 젤레케(미국 뉴스쿨

BIEN 총회를 진행하고 있는 집행위원회 임원들

교수), 서기인 데이비드 카서새스(스페인 바르셀로나대학 교수), 지역 코디네이터인 제임스 멀베일(캐나다 리자이나대학 교수)이다. 모두 BIEN 집행위원회의 구성원들이다.

이날 총회 안건은 재정 보고, 규약 수정안, 가맹 신청 기본소득네트워크의 승인, 차기 대회 개최 장소 결정, 임원 선출 등이었다.

BIEN의 재정 수입은 거의 전부가 평생회원 가입비 및 기부이고, 지출은 웹사이트 유지비와 학술지 『기본소득연구Basic Income Studies』 발행 비용이 대부분이다. 2010년 6월 현재 잔액이 17, 172.43유로이다. 2008년 6월에 비해 1,596.35유로가 늘어났다. 규약 수정 안건에서는 두 군데의 조항을 바꾸자는 제안이 있었다. 하나는 선출직 집행위원 선출에 앞선 추천 절차 관련 조항을 다듬는 것이었고, 다른 하나는 회의 규칙 관리자 조항이 현실적으로 불필요하므로 삭제하자는 것이었다. 이 안건은 총회 한 달 이전에 평생회원들 사이에 회람되지 못한 탓에 다음으로 미루어졌다.

다음 가장 중요한 안건으로 넘어갔다. BIEN에 새롭게 가맹을 신청한 기본소득네트워크의 승인 안건이었다. 지난 2008년 아일랜드의 더블린에서 열린 총회에서는 캐나다, 이탈리아, 일본, 멕시코의 기본소득네트워크가 새로운 가맹 조직으로 인준을 받았다. 이로써 모두 16개국의 기본소득네트워크가 BIEN의 가맹 조직으로 활동하게 된 것이다. 그 전에는 아르헨티나, 오스트레일리아, 오스트리아, 브라질, 덴마크, 독일, 아일랜드, 네덜란드, 스페인, 스위스, 영국, 미국의 기본소득네트워크가 BIEN의 가맹 조직이었다.

한국의 기본소득네트워크, BIEN의 17번째 가맹 조직이 되다

이번에는 한국의 기본소득네트워크가 새롭게 가맹 신청을 하기 위해 그 구성과 활동을 간략하게 소개한 보고서를 집행위원회에 제출해 둔 상태였다. 가맹을 신청한 다른 국가의 기본소득네트워크가 없었으므로 기본소득한국네트워크BIKN가 단독으로 승인을 기다리게 되었다. 한국에서 기본소득네트워크가 공식적으로 만들어진 것은 2009년 6월 25일이었다. 이때 첫 모임을 열어 강남훈 교수를 대표로 선출하고 본격적인 활동을 시작했다. 이로부터 불과 1년여 만에 BIEN에 당당히 가맹을 신청한 것이니 그 발전은 매우 놀랍다고 해도 과언이 아니다.

2010년 1월 말 서울에서 개최된 기본소득국제학술대회가 이를 가능케 한 결정적인 계기가 되었다고 할 수 있다. 이 대회는 한국에서의 기본소득 논의 확산에 도움을 주었을 뿐만 아니라 BIEN의 핵심 관계자들에게도 깊은 인상을 심어 주었다. 이날 총회에서도 서울 대회에 참여했던 벨기에 루뱅가톨릭대 교수인 필립 반 빠레이스 BIEN 국제자문위원회 의장과 브라질의 노동자당Partido dos Trabalhadores(PT) 소속 연방상원의원인 에두아르두 수플리시 BIEN 명예공동대표가 강력한 지지 발언을 해 주었다.

그런데 강남훈 대표가 앞으로 나가 간단한 인사말을 하고, 무난히 통과되기를 기다리는 찰나에 복병이 나타났다. 'Korean' 표기 문제가 된 것이다. 'South Korea'와 'North Korea'가 있는데, 그렇게 표기하는 것이 문제가 없느냐는 것이었다. 상식적으로 물을 수 있는 질문이지만, 우리는 조금 난감했다. 하지만 몇몇 분들이 거들어 주어 대충 이런저런 설명이 오간 뒤에 만장일치로 무사히 인준을 받았다.

2012년 BIEN 제14차 대회는 독일 뮌헨에서

그 다음 안건 역시 중요한 안건이었다. 2012년 BIEN 제14차 대회의 개최 장소 결정 문제였다. 원래 이탈리아도 유치의 뜻이 있었지만, 우선은 자국 내에서의 논의 확산에 더 힘을 쏟기 위해 그 뜻을 접은 상태였다. 그리고 독일이 2012년 여름 뮌헨에서 BIEN 제14차 대회를 개최하고 싶다는 뜻을 강력히 표명했다. 독일은 이미 대회를 유치하기 위해 많은 준비를 해 둔 상태였다. 대회 유치를 위한 홍보 동영상까지 만들었다. 2014년 서울에서 BIEN 제15차 대회를 유치하기 위해서는 2년 뒤에 독일이 이때 준비한 정도는 해야 한다고 생각하니 할 일이 참 많았다.

독일의 기본소득네트워크Netzwerk Grundeinkommen는 2004년 7월 9일에 설립되었다. 당시 '하르츠 IV(Hartz IV)'에 대한 반발이 결정적인 계기가 되어 네트워크로 뭉쳤다. [복지 삭감 정책을 추진하던 당시 독일의 슈뢰더 총리가 페터 하르츠Peter Hartz를 위원장으로 한 개혁위원회를 구성했는데, 여기서 나온 정책 중 하나가 '하르츠 IV'다. 이는 실업수당과 저소득층 보조금을 통합해 그 지원액을 대폭 줄이고, 실업수당 수혜 자격을 크게 강화하는 것을 주요 내용으로 하고 있으며, 2005년부터 시행되었다. 독일연방헌법재판소는 2010년 2월 9일 '하르츠 IV' 관련 법안이 "실업자나 저소득층에 대한 정부의 지원액이 너무 적어 헌법이 보장하고 있는 존엄권을 침해한다."고 판결하면서 개정을 요구했다.] 2010년 6월 현재 2,600여명의 개인 회원과 76개의 단체 회원이 기본소득네트워크를 구성하고 있고, 10명의 운영위원Netzwerkrat이 있다. BIEN 가맹 조직 가운데 가장 큰 규모를 자랑하고 있기도 하다. 기본소득한국네트워크가 조만간 앞설 것 같기는 하지만. 아무튼 이미 조직위원회까지 구성해서 활동하고 있는 독일 기본소득네트워크의 뮌헨 개최 제안은 만장일치로 통과되었다.

그 다음 중요 안건은 임원 선출이었다. 공동의장, 서기, 뉴스레터 편집자, 회계 담당, 지역 코디네이터, 국제자문위원회 의장, 명예공동대표 등이 새롭게 선출되었다. 잉그리드 반 니커크와 칼 와이더퀴스트, 두 명의 공동의장을 비롯한 대부분의 임원들은 연임되었고, 지역 코디네이터에 파블로 야네스, 명예공동대표에 클라우스 오페가 각각 추가로 선출되었다.

그 밖에도 몇 가지 논의 안건들이 있었다. 제법 길게 논의했던 것은 영국의 아동신탁기금Child Trust Fund 폐지 움직임에 대해 BIEN이 적극적으로 입장을 표명할 것인가 하는 문제였다. 아동신탁기금이란, 2002년 9월 1일 이후 영국에서 출생한 아이들에게 아이의 명의로 계좌를 개설토록 하고, 기금으로 정부에서 250파운드(저소득층의 경우 500파운드)의 현금 바우처를 지급하는 제도이다. 18세가 되면 계좌에서 인출할 수 있으며, 그동안 부모 등의 보호자는 이자소득세를 면제받으며 매년 1,200파운드까지 이 계좌에 입금할 수 있다. 논의를 거듭하다, 결국 BIEN 집행위원회가 영국 가맹 조직Citizen's Income Trust의 의향을 물어 일을 처리하기로 했다.

마지막으로 『기본소득연구』의 발행 지원금에 관한 논의가 있었다.

아무튼 1시간 반가량 진행된 회의를 무사히 끝내고, 총회 참가자들과는 2012년 여름 독일 뮌헨에서 만나자는 인사를 나누며 서로 아쉬움을 뒤로 하고 발걸음을 옮겼다. 이로써 사흘간의 빡빡한 공식 행사 일정이 모두 끝났다.

한편, BIEN 총회 직전에 열린 BIEN 대회 마지막 전체 세션에서는 특별한 손님의 인사가 있었다. 나미비아의 기본소득 도입 운동을 이끌고 있는 제파니아 카미타 주교의 인사였다. 다른 일정 때문에 대회장을 조금 일찍 빠져나가려던 그를 에두아르두 수플리시 상원의원이 붙잡은 것이다. 카미타 주교는 인사말을 통해 기본소득 도입에 대한 자신의 열정과 희망의 메시지를 전했다.

이날 에두아르두 수플리시 상원의원과는 인터뷰 약속 때문에 점심 식사를 함께했는데, 덕분에 카미타 주교와도 대화를 나눌 기회가 있었다. 그가 카미타 주교가 있는 테이블로 자리를 안내했기 때문이다.

나미비아의 카미타 주교가 마지막 전체 세션에서 인사말을 하고 있는 모습

나미비아의 기본소득 실험 프로젝트가 단연 화제였다. 카미타 주교는 이 프로젝트가 "놀라운 결과들"을 보여 주었다고 거듭 말하며 매우 만족스러워하는 표정이었다. 이에 힘입어 나미비아의 많은 기본소득 지지자들이 이 제도의 전국적 실시를 위해 의욕을 불태우고 있다지만, 상황이 그리 녹록치는 않을 것이다. 정부를 압박하고 움직여야 하는 일이므로. 그는 한국의 방송사들이 기본소득 실험 프로젝트가 진행된 오미타라 마을을 취재해 간 사실까지 잘 알고 있었다.

에두아르두 수플리시 상원의원의 기본소득에 대한 열정은 아마 누구도 따라잡을 수 없을 것이다. 그는 브라질뿐만 아니라 전 세계를 누비며 기본소득 전도사 노릇을 톡톡히 하고 있다. 브라질 상파울루대학에서 열린 BIEN 제13차 대회에서 만나 인터뷰할 때도 그의 이러한 열정은 유감없이 발휘되었다. 하지만 그를 향해 몰려드는 사람들 탓에 인터뷰를 할 틈을 찾는 것 자체가 쉽지 않았다. 인터뷰는 이틀 만에 성사가 되었다. 원래는 점심 식사를 하면서 인터뷰하기로 했는데, 점심 식사 도중은 물론이고, 점심 식사가 끝나고 나서도 한참 동안 그와 이야기를 나누려는 사람들 때문에 인터뷰는 밀리고 또 밀렸다.

에두아르두 수플리시
(브라질 연방 상원의원)

이는 정의와 평화라는 점에서 중요합니다

동영상 인터뷰 가운데 한 장면

드디어 몰려드는 인파를 따돌리고 그를 낚아챘다. 자기소개를 부탁하면서 동영상 인터뷰를 시작했다. 그런데 그는 이어지는 질문을 할 겨를도 없이 20분가량이나 기본소득과 관련하여 하고 싶은 이야기를 단숨에 쏟아

놓고 말았다. 마치 기본소득에 대해 말하지 않고서는 자기소개를 끝낼 수 없다는 것처럼. 중간에 신호를 보낼까 하다가도 꾹 참았다. 캠코더를 들고 있던 손이 조금씩 떨렸다. 그렇지만 덕분에 그와의 인터뷰는 짧은 기본소득 강의 동영상이 되었다. (인터뷰 전체는 http://station. mgoon.com/spspok에서 볼 수 있다.)

기본소득 전도사의 행복한 이야기 하나

에두아르두 수플리시는 지난 1990년 선거에서 브라질노동자당 역사상 최초로 상원의원에 당선되었다. 이때 그는 상파울루 주 유권자의 30%에 달하는 422만 9,706표를 얻었다. 1998년 선거에서는 유권자의 43%에 달하는 671만 8,463표를 얻어 재선에 성공했고, 지난 2006년 선거에는 유권자의 48%에 달하는 898만 6,803표를 얻어 3선까지 성공했다. 브라질 상원의원의 임기가 8년이므로, 그의 이번 임기는 2015년 1월까지다.

많은 표를 얻어서일까, 말도 참 많이 했다. 그는 브라질 역대 최다 상원 연설 기록 보유자다. 그는 첫 번째 임기 동안 이 기록을 세웠는데, 무려 1,202회나 된다. 한 해에 150회가량, 공휴일만 빼면 거의 이틀에

한 번 꼴로 상원에서 연설을 한 셈이다. 그리고 이 기간 동안 그는 230건의 정보공개 청구와 23개의 법안을 제출하기도 했다. 2004년 1월에 룰라 대통령이 최종 서명한 「시민기본소득법」도 그가 기초한 것이었다.

기본소득 소개 책자의 표지

BIEN 제13차 대회가 열린 브라질 상파울루대학 행사장 바깥에는 소책자가 놓여 있었다. 제목이 "행복한 이야기 하나One Happy Story"다. 순간 에두아르두 수플리시 상원의원이 지난 2010년 1월 서울에서 열린 기본소득국제학술대회 참석을 위해 한국에 도착했을 때 했던 말이 생각났다. 인천공항에 도착해 숙소로 가는 도중이었다. 그는 누구나 쉽게 이해할 수 있도록 딱딱한 글은 줄이고 삽화를 많이 넣은 기본소득 소개 책자를 만들 것이라고 했다. 이것이 바로 그것이었다. 냉큼 몇 권을 챙겼다. 한국으로 돌아와서는 소개의 목적으로 번역도 해 두었다. (원문과 번역문은 http://cafe.daum.net/basicincome/3ois/485에서 볼 수 있다.)

　비록 처음 참가한 BIEN 대회이긴 했지만 제13차 대회는 그리 낯설지 않았다. 아는 얼굴들과 아는 이름들, 그리고 익숙한 내용들 때문에 그랬던 것 같다. 하지만 새로운 사람들도 많이 만났고 새롭게 접한 내용들도 많았다. 그만큼 더욱 많은 과제를 찾기도 했다. 기본소득을 주제로 한 단막극 순서가 중간에 있었던 것을 제외하면, 발표와 토론으로 이뤄진 학술 행사였다. 일정이 빠듯하여 좀 딱딱했다는 점을 제외하면 대체로 성공적으로 치러졌다. 다소 긴장했으나 처음으로 외국에서 발표해 본 경험도 값진 것이었다. 무엇보다 기뻤던 것은 출범한 지 1년여 만에 기본소득한국네트워크가 이제 BIEN의 공식 가맹 조직으로 당당히 거듭났다는 사실이다. 큰 흐름에 긴밀히 접속하는 일은 늘 어떤 뭉클하고 뿌듯한 느낌을 안겨 주기 마련이다. 이제 "행복한 이야기 하나"가 지구촌 모두의 이야기가 되는 그날을 꿈꾸며 다시 잰걸음을 옮긴다.

자료

자료 1. 기본소득 서울 선언

여기에 실린 「기본소득 서울 선언」은 2010년 1월 27 오전 10시 서울 서강대학교 다산관 101호에서 열린 '기본소득 서울 선언 기자회견'을 통해 발표된 것이다. 이 기자회견 직후부터 기본소득국제학술대회가 같은 장소에서 1월 28일까지 이틀간 개최되었다. 기본소득국제학술대회조직위원회가 주관한 이 기자회견에는 국외 발표자로 이 대회에 참가한 필립 반 빠레이스Philippe Van Parijs, 에두아르두 수플리시Eduardo Suplicy, 야마모리 도루山森亮, 로날트 블라슈케Ronald Blaschke, 네안트로 사비드라-리바노Neantro Saavedra-Rivano 등 다섯 명과 필자를 비롯한 국내 발표자 강남훈, 곽노완, 금민, 백승호, 안현효, 양의모, 이수봉, 장석준 및 대회조직위원회 참여 단체의 대표자들이 참석했다. 이 선언문은 필자가 초안을 작성했으며 곽노완, 금민, 양의모, 이수봉, 장석준, 전원배, 조정환 등이 함께 검토했다. 이 선언에는 앞서 언급한 국내외 발표자들 및 각계각층에 소속된 600여명의 개인들이 참가했다. 한편, 기본소득국제학술대회조직위원회(위원장 강남훈 기본소득한국네트워크 대표)가 주관한 이 대회에는 기본소득한국네트워크를 비롯해 서울시립대 도시인문학연구소, 전국교수노동조합, 전국민주노동조합총연맹, 사회당 등 국내 20여 개 단체 및 정당이 주최 단체로 참가했다.

21세기인 오늘날도 전쟁과 학살이 세계 곳곳에서 끊이지 않고 있다. 그러나 피로 얼룩지는 직접적인 폭력만이 폭력은 아니다. 지금은 물론 지난 수십 년간 신자유주의의 광풍이 전 세계를 휩쓸었고, 이로 말미암아 대중에 대한 착취와 수탈은 더욱 강화되고 교묘해졌다. 이는 대중의 삶을 위협하는 또 다른 형태의 구조적 폭력이다. 이러한 폭력에 맞서 대중은 자신의 삶을 지키고자 힘껏 맞서 싸워왔다. 그래도 여전히 힘에 부친다.

대중의 삶의 위기는 가중되는데, 자본과 권력은 대중에게 점점 더 많은 것을 양보하라 한다. 대중은 저항을 계속하고 있지만, 절망의 터널은 그 끝을 드러내지 않는다. 누구도 희망의 끈을 놓으려 하지 않지만, 그 희망을 현실화할 수단은 여전히 안갯속에 있는 것처럼 보인다. 빈곤과 실업의 덫에 허우적거리고, 열악한 임금노동에 혹사당하는 수많은 대중의 머릿속은 불안, 비관, 냉소로 가득 차 있다.

우리가 직면한 위기를 해결할 대안이 절실히 필요하다. 위기의 폭이 넓고 깊은 만큼 우리에게 필요한 대안은 더욱 근본적이고, 간결하면서도 강력해야 할 것이다. 그리고 이러한 대안은 공허한 이상이 아니라 현실에 기초한 구체적인 요구, 대중의 삶의 위기를 해결할 수 있는 실질적인 요구여야 할 것이다. 위기를 해결하기 위해 대안이 필요하다고 말하는 사람들은 많다. 하지만 구체적인 대안을 제시하고 이를 매개로 힘을 모으려는 시도 앞에서 머뭇거리는 사람들도 많다. 이 또한 현재의 위기를 지속시키는 요인들 가운데 하나이다.

그러나 여기에 이러한 주저함을 내던지고 대안을 향해 성큼 발걸음을 옮기는 사람들이 있다. 우리와 우리 시대를 둘러싼 낡은 족쇄를 끊어내고 인류가 쟁취해야 할 세계사적 과업을 실천하는 사람들이 있다. 19세기 노예제 폐지, 20세기 보통선거권 쟁취에 버금가는 21세기 세계사적 과제로 기본소득 쟁취를 들고 나온 사람들이 있다. 기본소득을, 세계적 금융 위기를 통해 충분히 그 마각을 드러낸 신자유주의 시대를 철저히 종식할 뿐만 아니라 현재의 자본주의와 현존했던 사회주의 모두를 뛰어넘는 대안 사회로 나아가기 위한 디딤돌로 사고하는 사람들이 있다.

기본소득은 어떠한 심사나 노동 요구도 없이 모든 사회 구성원에게 개별적으로 지급하는 조건 없는 소득이다. 기본소득은 기존의 선별적이고 잔여적인 복지 패러다임을 넘어 보편적 복지 패러다임을 완성하는 지렛대이며, 완전고용이라는 가상과 자본주의적 임금노동의 전일화로부터 탈피하여 노동 사회를 안팎으로부터 재구성할 촉매제이다. 기본소득은 단순히 현금소득으로 다른 모든 것을 대체하려는 시도도, 분배의 개선만으로 다른 모든 가능성을 차단하려는 시도도 아니다. 기본소득의 보편적 성격은 그것에 기존의 소득들과는 다른 새로운 힘을 부여하며, 새로운 가능성의 영역들을 만들어낸다.

기본소득의 필요성과 정당성에 공감하는 우리는 그 가능성과 현실성 또한 충분히 고려하고 있다. 우리는 이를 위해 끊임없이 연구하고 실천해왔으며, 지역 공동체에서부터 국가 단위, 지구적 차원에 이르기까지 기본소득의 실현을 모색하는 다양한 네트워크를 구성하고 구체적인 제도화 노력까지 기울여왔다. 그 소중한 결실 가운데 하나가 지난 2004년 국가 단위로는 세계 최초로 브라질에서 시민기본소득법이 제정된 것이다. 기본소득이 세계 각국에서 제도화되기까지는 여전히 수많은 과제와 도전이 기다리고 있지만, 소득이 없거나 형편없는 소득으로 하루하루를 연명하는 수많은 대중이 존재하는 현실은 기본소득을 사회적 의제로 강력히 밀어올리고 있다.

이러한 지구적 차원의 흐름에 발맞춰 한국에서도 비로소 기본소득이 사회적 의제로 떠오르고 있다는 점은 매우 고무적이다. 서울에서 열리는 이번 기본소득국제학술대회는 기본소득 의제의 확산을 위한 커다란 이정표가 될 것이다. 이 대회를 빛내주기 위해 현대적인 기본소득 논의를 주도해왔으며 기본소득지구네트워크 국제위원회 의장인 필립 반 빠레이스, 브라질 시민기본소득법 제정의 주역이며 기본소득지구네트워크 명예공동의장인 에두아르두 수플리시 등의 국외 인사들이 방한했으며, 한국의 기본소득네트워크 및 기본소득을 적극적으로 지지하거나 최소한 그 취지에 공감하는 수많은 사람이 이 대회의 성공적인 개최를 위해 이바지했다.

이 대회를 이끈 기본소득 서울 선언 참가자들은 다양하다. 기본소득 지지자들도 다양한 지지 배경을 갖고 있다. 기본소득 그 자체를 목표로 삼는 사람도, 하나의 수단으로 삼는 사람도 있다. 그리고 기본소득인가 아닌가를 넘어 어떠한 기본소득인가를 놓고도 많은 쟁점이 있다. 기본소득은 시대의 거대한 전환을 요구하는 것이므로 이와 연관된 많은 난제도 뒤따른다. 하지만 분명한 것은 기본소득이 그 자체로 현대 사회의 문제 모두를 해결하는 만병통치약일 수는 없을지라도, 최소한의 필요조건이 될 수는 있다는 점이다.

이 시대는 다른 세상은 가능하다는 선언을 넘어 어떤 세상이 필요한지, 그리고 어떻게 그 세상을 실현할 수 있는지를 답하라고 요청한다. 기본소득 서울 선언 참가자들이 힘주어 말할 수 있는 것은 기본소득이 이러한 답의 주요 구성물이라는 것이다. 기본소득이 대안 사회를 향한 가능성의 중심에 있다는 것이다. 물론 이러한 가능성을 현실성과 접목하기 위해서는 수많은 노력이 뒷받침되어야 한다. 기본소득 서울 선언 참가자들은 이 대회를 계기로 한국에서도 기본소득 논의가 더욱 활발해지기를 기대하며, 또한 이를 위해 열과 성을 다할 것이다.

2010년 1월 27일
기본소득 서울 선언 참가자 일동

자료 2. 기본소득연합 발족 선언문

2010년 3월 초 사회당은 여러 단체 및 개인에게 공식적으로 기본소득연합을 제안했다. 4월 12일에는 제안에 공감한 단체 및 개인 공동 명의로 2차 제안문을 발송했다. 그리고 4월 25일에 기본소득연합 발족식 및 기자회견을 개최하고, 「기본소득연합 발족 선언문」을 발표했다. 이 선언문은 필자가 기초했다. 2010년 4월 26일 현재 기본소득연합에 참가한 단체는 51개, 개인은 772명이다. 한편, 기본소득연합에 참가한 2010년 6월 지방선거 입후보자는 모두 29명인데, 후보자의 소속 정당을 보면 사회당 23명, 민주노동당 4명, 진보신당 2명이다.

2010년 지방선거,
'기본소득연합'으로 희망찬 진보의 미래를 열어갑시다

이명박 정부가 출범한 지도 2년이 훌쩍 넘었습니다. 누구나 이구동성으로 민주주의의 위기에 대해 말해왔습니다. 그리고 저항해왔습니다. 이제 여기에 덧붙여, 이 위기의 근본 성격을 제대로 짚고 공통의 해법도 마련해야 합니다. 이러한 위기의 해법, 민주주의 운동의 과제는 단순히 이명박 정부 이전으로 돌아가자는 민주회복에 그칠 수 없습니다. 현재의 위기는 단순히 이명박 정부에 의한 1987년 민주주의 이전으로의 퇴행 탓만은 아니기 때문입니다.

이 위기는 신자유주의 시대에 나타난 민주주의 위기의 일반적인 현상과 궤를 같이합니다. 따라서 보다 근본적인 해법이 필요합니다. 민주주의 위기의 극복 방향과 그 과제는 1987년 민주주의를 회복하는 것을 넘어 1997년 이래 일관되게 추진된 신자유주의를 극복하는 문제와 떼려야 뗄 수 없는 관계가 있습니다. 그러므로 이 시대는 신자유주의를 극복하는 대안연합을 적극적으로 요청하고 있습니다.

6월 지방선거를 앞두고 각종 연대나 연합 논의가 무성했지만 그 결과는 초라합니다. 이명박 정부와 한나라당에 반대하는 연합을 형성하는 것은 매우 필요한 일입니다. 하지만 그것은 충분조건이 될 수는 없습니다. 가치와 대안을 중심에 놓는 미래지향적인 연합 논의가 들어서지 못한다면, 그 반대와 저항 연합은 당장 눈앞의 실리에만 매몰되어 연합 자체도 제대로 실현할 수 없고, 진보의 미래 또한 제대로 기약할 수 없습니다.

이러한 때에 우리 '기본소득연합' 참가 단체 및 개인 일동은 '기본소득'이 시대의 과제를 해결하기 위한 대안이 될 수 있다고 확신합니다. '기본소득'은 어떠한 심사나 노동 요구도 없이 모든 사회 구성원 각자가 충분한 생활을 영위할 수 있도록 조건 없는 소득을 보장하는 것입니다. 우리는 이를 중심으로 민주주의와 진보의 내용을 새롭게 채우고, 실질적인 대안연합을 실현할 것입니다.

6월 지방선거를 얼마 남겨 놓지 않은 오늘, 우리는 신자유주의를 극복하는 대안연합으로서 '기본소득연합'의 발족을 여러분께 알립니다. 진보운동의 새롭고 과감한 도전으로 기록될 이 '기본소득연합'은 한국 사회 최초의 대안연합입니다. '기본소득연합'은 '기본소득'을 지지하는 모든 단체 및 개인이 함께하는 열린 틀, 무한한 가능성을 지닌 틀입니다. 앞으로 이는 진보를 실질적으로 재구성하는 원동력이 될 것입니다.

'기본소득연합'은 우선 이번 지방선거에서 '기본소득'을 지지하는 모든 후보를 물심양면으로 지원하고, 다양한 방식으로 '기본소득' 의제가 확산될 수 있도록 노력할 것입니다. '기본소득연합'은 선별적이고 시혜적인 복지를 넘어서는 보편적 복지를, 임금노동의 한계를 넘어서는 노동사회 혁신을 가장 앞장서 주장할 것이며, 신자유주의 수탈 경제에 대한 근본적 비판과 대안 형성을 통해 '기본소득'의 실현을 앞당길 것입니다.

'기본소득연합'은 아울러 이번 지방선거의 핵심 쟁점 가운데 하나인 무상급식을 전폭적으로 지지하며, 사회 구성원 모두의 보편적 복지 확립과 헌법상의 무상교육 원칙에 따라 누구보다 앞장서 이를 도입하기 위한 싸움에 나설 것입니다. 무상급식의 실현은 기본소득의 실현을 위한 징검다리입니다.

우리는 이 '기본소득연합'이 사각지대 없는 보편적 복지의 실현과 신자유주의를 넘어서는 대안운동의 기폭제가 되리라 확신하며, 진보의 미래를 개척하는 커다란 주춧돌이 될 것임을 믿어 의심치 않습니다.

'기본소득연합'과 함께 희망찬 진보의 미래를 열어갑시다.

2010년 4월 25일
'기본소득연합' 참가 단체 및 개인 일동

참고 문헌

강남훈·곽노완·이수봉, 2009, 『즉각적이고 무조건적인 기본소득을 위하여!』, 민주노총.

강수돌·홀거 하이데, 2009, 『자본을 넘어, 노동을 넘어: 자본의 내면화에서 벗어나기』, 이후.

고경환 외, 2007, 「한국의 사회복지지출 추계(1990~2005)와 자발적 민간급여 실태조사」, 한국보건사회연구원.

고경환, 2009, 「2007년도 한국의 사회복지지출 추계와 OECD 국가의 노후소득 보장체계」, 한국보건사회연구원.

고용노동부, 2010년 8월, 「최근 노동시장 동향 분석」.

곽노완, 2007, 「기본소득과 사회연대소득의 경제철학: 빠레이스, 네그리, 베르너에 대한 비판과 변형」, 『시대와 철학』 제18권 제2호.

──, 2008, 「대안지구화의 경제적 시공간: 독일과 한국에서 기본소득과 사회연대소득의 가능성을 중심으로」, 『마르크스주의 연구』 제5권 제4호.

──, 2009, 「기본소득과 21세기 대안사회로의 이행전략」, 『제4회 맑스꼬뮤날레 학술문화제 단체세션 자료집: 한국의 기본소득 모델과 이행의 문제』.

구승회, 2004, 「자본주의 노동사회의 붕괴: 노동 지양으로서의 자발적 실업」, 『진보평론』 제19호.

구인회, 2008, 「한국복지국가의 성격과 전망: 복지국가 유형론을 넘어」, 『한국사회포럼 2008 자료집』.

국회예산정책처, 2009, 「2009년도 제1회 추가경정예산안 쟁점분석」.

금민, 2007, 『사회적 공화주의: 한국 사회 위기 해소를 위한 정치 기획』, 박종철출판사.

기획재정부 등 관계부처 합동, 2009년 3월 12일, 「민생안정 긴급지원 대책」.

김교성, 2009, 「기본소득 도입을 위한 탐색적 연구」, 『사회복지정책』 제36권 제2호.

김도현, 2009, 『장애학 함께 읽기』, 그린비.

김원태, 2009, 「마르크스 노동패러다임의 재구성」, 『마르크스주의 연구』 제6권 제3호.

김우남 의원실, 2009년 11월 20일, 「김우남 의원 '장애아동특별보호연금법안' 대표발의」, 보도자료.

김진구, 2001, 「복지국가 위기와 대안적 소득보장제도의 모색」, 『협성논총』 제13집.

남찬섭, 2008, 「한국복지국가의 성격과 전망」, 『한국사회포럼 2008 자료집』.

노대명 외, 2009, 『사회수당제도 도입타당성에 대한 연구』, 한국보건사회연구원.

이상동 외, 2009, 『전국민 고용보험 제도 도입 방안 연구』, 민주노동당.

박은수 의원실, 2009년 10월 20일, 「생산가능 연령(20~64세) 인구 총 3,145만 명 중 국민연금 사각지대 1,917만 명」, 국정감사 보도자료. http://blog.daum.net/parkeunsoo/7839679

박홍규, 2008, 「기본소득 연구」, 『민주법학』 제36호.

변용찬 외, 2009, 「2008년 장애인 실태조사」, 보건복지가족부·한국보건사회연구원.

변창흠·안균오, 2009, 「개발이익 환수규모 추정과 개발부담금제도 개선방안 연구」, 『제3회 대한국토도시계획학회 춘계학술대회 논문집』.

브루스 액커만·앤 알스톳·필립 반 빠레이스 외, 너른복지연구모임 옮김, 2010. 『분배의 재구성: 기본소득과 사회적 지분 급여』, 나눔의집.

서정희·조광자, 2008, 「새로운 분배제도에 대한 구상: 기본소득과 사회적 지분급여 논쟁을 중심으로」, 『사회보장연구』 제24권 제1호.

손낙구, 2010, 『대한민국 정치 사회 지도 - 수도권 편』, 후마니타스.

에이블뉴스, 2009년 11월 16일, 「장애인등록제도, 점검장치 없어 부실 운영」.

오건호, 2009a, 「진보의 눈으로 국가재정 들여다보기」, 사회공공연구소.

———, 2009b, 「이명박 정부의 국가재정 운용의 문제점과 진보적 대안재정전략」, 『사회공공연구소 1주년 기념 토론회 자료집』.

오마이뉴스, 2009년 2월 19일, 「고용대란 시대, '전 국민 고용보험제' 도입하자」.

우주형, 2009, 「우리나라 장애인연금법제 도입방안 연구」, 『재활복지』 제13권 제1호.

이명현, 2006, 「복지국가 재편을 둘러싼 새로운 대립축: 워크페어 개혁과 기본소득 구상」, 『사회보장연구』 제22권 제3호.

──────, 2007, 「유럽에서의 기본소득 구상의 전개 동향과 과제: 근로안식년과 시민연금 구상을 중심으로」, 『사회보장연구』 제23권 제3호.

이진경, 2006, 『미-래의 맑스주의』, 그린비.

정이환, 2006, 『현대 노동시장의 정치사회학』, 후마니타스.

좌혜경, 2009년 6월 12일, 「기본소득제 토론문」, 진보신당 상상연구소 월례토론회 '기본소득제, 우리의 대안인가?'. http://www.newjinbo.org/board/view. php?id=policy&no=303

질 들뢰즈·안또니오 네그리 외, 서창현 외 옮김, 2005, 『비물질노동과 다중』, 갈무리.

차문석, 2001, 『반노동의 유토피아: 산업주의에 굴복한 20세기 사회주의』, 박종철출판사.

최장집 외, 2005, 『위기의 노동』, 후마니타스.

칼 폴라니, 홍기빈 옮김, 2009, 『거대한 전환』, 길.

통계청, 2006년 1월, 「2005년 12월 및 연간 고용동향」.

──────, 2007년 1월, 「2006년 12월 및 연간 고용동향」.

──────, 2008년 1월, 「2007년 12월 및 연간 고용동향」.

──────, 2009년 1월, 「2008년 12월 및 연간 고용동향」.

──────, 2010년 1월, 「2009년 12월 및 연간 고용동향」.

프레시안, 2009년 9월 4일, 「국민 10%만 손해 보면, 실업자도 월급 받는다: 국민기초생활보장법 제정 10년 토론회」.

한겨레, 2009년 4월 13일 a, 「고용 없는 시대… '기본소득'은 실업자 생명줄」.

──────, 2009년 4월 13일 b, 「평등한 사회 꿈꾸는 '기본소득제'」.

한국은행, 2009 8월, 「우리나라의 고용구조 및 노동연관효과」, 『조사통계연보』.

함께걸음, 2009년 12월 4일, 「정책 만드는 과정에 장애인이 있어야 한다 - 인터뷰 일본 前 민주당 참의원 호리모토 가즈시」. http://www.cowalknews. co.kr/news/articleView.html?idxno=8871

황수경 외, 2010, 『고용구조 선진화를 위한 서비스산업의 일자리 창출 역량제고 방안』, 한국노동연구원.

KBS, 2010년 5월 22일, 「나미비아, 공짜돈 1만 5천 원의 기적」, 『특파원 현장보고』.

MBC, 2009년 9월 11일, 「나미비아 - 오미타라 마을의 특별한 실험」, 『W』.

Welfare News, 2009년 12월 2일, 「RI KOREA, 기초장애연금, 쟁점과 그 해법」. http://www.welfarenews.net/news/news_view.html?bcode=21268

Abberley, Paul, 2002, "Work, Disability, Disabled People and European Social Theory," *Disability Studies Today*. Colin Barnes & Mike Oliver & Len Barton (eds). Polity Press.

Ackerman, Bruce & Anne Alstott, 1999, *The Stakeholder Society*. Yale University Press.

――――, 2004, "Why Stakeholding?", *Politics & Society* 32(1).

――――, 2006, "Macro-Freedom", *Redesigning Distribution*, Wright, Erik O. (ed), Verso.

Alaska Permanent Fund Corporation, 2005, *An Alaskan's Guide to the Permanent Fund*. http://www.apfc.org/home/Media/reportspublications/2005_GUIDE_nocov.pdf

Alonso Madrigal, F. J. & J. L. Rey Pérez, 2008, "What Type of Taxes Demands Basic Income?", 12th Basic Income Earth Network Congress.

Atkinson, A. B., 1996, "The Case for a Participation Income," *Political Quarterly*.

BBC NEWS, 3 Jun 2009, "Iranian poll rivals clash on live TV."

Bergman, Barbara, 2004, "A Swedish-style welfare state or basic income: which should have priority," *Politics & Society* 32(1).

BIEN, March 2009, *NEWSFLASH* 56. http://www.basicincome.org/bien/pdf/Flash56.pdf

――――, June 2009, *NEWSFLASH* 57. http://www.basicincome.org/bien/pdf/Flash57.pdf

BIG Coalition Namibia, 2009, "Making the difference! The BIG in Namibia," Basic Income Grant Pilot Project Assessment Report.

Birnbaum, Simon & Karl Widerquist (eds), 2008 a, "History of Basic Income, Part One." http://www.basicincome.org/bien/aboutbasicincome.html

————, 2008 b, "History of Basic Income, Part Two." http://www.basic income.org/bien/aboutbasicincome.html

Blaschke, Ronald, 2006, "Sklaverei der Lohnarbeit als Ziel?: Kritik der Kritik von Rainer Roth am Bedingungslosen Grundeinkommen." (김원태 옮김, 2009, 「당신의 목표는 임금노동의 노예?: 라이너 로트의 '조건 없는 기본소득' 비판에 대한 반비판」, 『진보평론』 제39호.) http://www.labournet.de/ diskussion/arbeit/existenz/blaschkekritik.pdf

————, 2008, "Aktuelle Grundeinkommens-Modelle in Deutschland." http:// www.grundeinkommen.de/content/uploads/2008/11/vergleich_ge-konzepte.pdf

————, 2010, "Basic Income versus Minimum Income Guarantee", Sustainable Utopia and Basic Income in a Global Era, Seoul Basic Income International Conference 2010.

Boso, Àlex & Irkus Larrinaga & Mihaela Vancea, 2006, "Basic Income for Immigrants Too", 11th Basic Income Earth Network Congress.

Bundesarbeitsgemeinschaft Grundeinkommen (Die Linke), 2006, "Einleitung zum Konzept für ein Bedingungsloses Grundeinkommen." http://www. die-linke-grundeinkommen.de/WordPress/wp-content/uploads/2009/05/bag_b ge_konzept_16_07_06.pdf

Callinicos, Alex, 2003, An Anti-Capitalist Manifesto. Blackwell Publishers. (정성진·정진상 옮김, 2003, 『반자본주의 선언』, 책갈피.)

Casassas, David, 2007, "Basic Income and the Republican Ideal: Rethinking Material Independence in Contemporary Societies", Basic Income Studies 2(2).

Christensen, Erik, 2008, "A Global Ecological Argument for a Basic Income", 12th Basic Income Earth Network Congress.

Clark, C. M. A. & C. Kavanagh, 1996, "Basic Income, Inequality, and Unemployment: Rethinking the Linkage between Work and Welfare", Journal of Economic Issues 30(2).

Crouch, Colin, 2004, Post-Democracy, Polity Press. (이한 옮김, 2008, 『포스 트민주주의』, 미지북스.)

Domenech, Antoni & Daniel Raventós, 2007, "Property and Republican Freedom: An Institutional Approach to Basic Income", Basic Income

Studies 2(2).

Elgarte, Julieta M, 2006, "Good for women? Advantages and risks of a basic income from a gender perspective", 11th Basic Income Earth Network Congress.

——, 2008, "Basic income and the gendered division of labour", 12th Basic Income Earth Network Congress.

Fitzpatrick, Tony, 1999, *Freedom and Security: An Introduction to the Basic Income Debate*, Palgrave Macmillan.

Frankman, Myron J., 2002, "A Planet-Wide Citizen's Income: Espousal and Estimates", 9th Basic Income European Network Congress.

——, 2004, "Ample Room at the Top: Financing a Planet-Wide Basic Income", 10th Basic Income European Network Congress.

——, 2008, "Justice, Sustainability and Progressive Taxation and Redistribution: The Case for a World-Wide Basic Income", 12th Basic Income Earth Network Congress.

Friedman, Milton, 1962, *Capitalism and Freedom*, University of Chicago Press. (심준보 · 변동열 옮김, 2007, 『자본주의와 자유』, 청어람미디어.)

Gheaus, Anca, 2008, "Basic Income, Gender Justice and the Costs of Gender-symmetrical Lifestyles", 12th Basic Income Earth Network Congress.

Glyn, Andrew, 2006, *Capitalism Unleashed: Finance, Globalization and Welfare*, Oxford University Press. (김수행 · 정상준 옮김, 2008, 『고삐 풀린 자본주의』, 필맥.)

Goldsmith, Scott, 2002, "The Alaska Permanent Fund Dividend: An Experiment in Wealth Distribution", 9th Basic Income European Network Congress.

——, 2009, "The Effects of the Alaska Permanent Fund on Growth and Equality in Alaska", *USBIG NEWSLETTER* 10(51). http://www.usbig. net/newsletters/51Winter2009.htm

Grass, Günter & Pierre Bourdieu, 2002, "The 'progressive' restoration: A Franco-German Dialogue", *New Left Review* 14(March/April).

Handler, J. & A. Bobcock, 2006, "The Failure of Workfare: Another Reason for a Basic Income Guarantee", *Basic Income Studies* 1(1).

Hardt, Michael & Antonio Negri, 2000, *Empire*, Harvard University Press. (윤수종 옮김, 2001, 「제국」, 이학사.)

Hum, Derek & Wayne Simpson, 1993, "Economic Response to a Guaranteed Annual Income: Experience from Canada and the United States", *Journal of Labor Economics* 11(S1).

Kipping, Katja, 2008, "Moving to Basic Income(BI): A left-wing political perspective", 12th Basic Income Earth Network Congress.

Kuhn, Thomas S, 1962, *The Structure of Scientific Revolutions*, University of Chicago Press.

Kurz, Robert & Ernst Lohoff & Norbert Trenkle, 1999, *Feierabend*, Konkret Literatur Verlag. (김남시 옮김, 2007, 「노동을 거부하라!」, 이후.)

Levitt, Kari, 2004, "Development and Regionalism: Karl Polanyi's Ideas and the Contemporary World System", Keynote address to Conference on Development and Regionalism: Karl Polanyi's Ideas and the Contemporary World System. Budapest, Hungary. (November).

Liebermann, Sascha, 2008, "Bringing UBI into the National Debate: Experiences of German Activists", 12th Basic Income Earth Network Congress.

Lord, Clive, 2002, "The Mutual Interdependence of a Citizens Income and Ecological Sustainability", 9th Basic Income European Network Congress.

Marx, Karl, [1867] 1989a, 「資本論」 第1卷(上), 김수행 옮김, 비봉출판사.

―――, [1867] 1989b, 「資本論」 第1卷(下), 김수행 옮김, 비봉출판사.

―――, [1875] 1995, 「고타 강령 초안 비판」, 「칼 맑스 프리드리히 엥겔스 저작 선집」 제IV권, 최인호 외 옮김, 박종철출판사.

Mckay, Ailsa, 2005, *The Future of Social Security Policy: Women, work and a Citizens' Basic Income*, Routledge.

Michel, Heiner, 2008, "Global Basic Income and its Contribution to Human Development and Fair Terms of Global Economic Co-Operation: A Political-Economic Outlook", 12th Basic Income Earth Network Congress.

Offe, Claus, 2001, "Pathways from Here", *What's Wrong with a Free Lunch?*, Joshua Cohen & Joel Rogers (eds), Beacon Press.

Pateman, Carole, 2004, "Democratizing Citizenship: Some Advantages of a Basic Income", *Politics & Society* 32(1).

————, 2007, "Why Republicanism", *Basic Income Studies* 2(2).

Permanent Fund Dividend Division, 2009, "Overview of the 2008 Dividend Calculation." http://www.pfd.state.ak.us/forms/2008Forms/2008DividendCalculation.pdf

————, 2010, "Overview of the 2009 Dividend Calculation." http://www.pfd.state.ak.us/forms/2009Forms/2009DividendCalculation.pdf

Pettit, Pililp, 2007, "A Republican Right to Basic Income", *Basic Income Studies* 2(2).

Polanyi, Karl, [1944] 2001, *The Great Transformation: The Political and Economic Origins of Our Time*, Beacon Press.

Raventós, Daniel, 2007, *Basic Income: The Material Conditions of Freedom*, Pluto Press.

REUTERS, 31 Aug 2008, "Gaddafi says Libyans should get oil cash directly."

Rifkin, Jeremy, 1995, *The End of Work: The Decline of the Global Labor Force and the Dawn of the Post-Market Era*, Putnam Publishing Group. (이영호 옮김, 1996, 『노동의 종말』, 민음사.)

Robertson, James, 1996, "Towards a New Social Compact: Citizen's Income and Radical Tax Reform", *Political Quarterly* 67(1).

Sheahen, Allan, 2002, "Why not Guarantee Everyone a Job? Why the Negative Income Tax Experiments of the 1970s were Successful", USBIG Discussion Paper No. 13. http://usbig.net/papers.php

Shipler, David K, 2005, *The Working Poor: Invisible in America*, Vintage Books. (나일등 옮김, 2009, 『워킹 푸어, 빈곤의 경계에서 말하다』, 후마니타스.)

Silver, Hilary, 2007, "Social Exclusion: Comparative Analysis of Europe and Middle East Youth", Middle East Youth Initiative Working Paper.

http://www.shababinclusion.org/content/document/detail/558/

Standing, Guy, 2006 a, "CIG, COAG, and COG: A comment on a debate", *Redesigning Distribution*, Wright, Erik O. (ed). Verso.

――――, 2006 b. "Income Security: Why Unions should campaign for a basic income", 11th Basic Income Earth Network Congress.

――――, 2008, "How Cash Transfers Promote the Case for Basic Income", *Basic Income Studies* 3(1).

――――, 2009, *Work after Globalization: Building Occupational Citizenship*, Edward Elgar.

――――, 2010, "Labour after Globalization", International Academic Symposium in Celebration of the Establishment of BIJN.

Standing, Guy et al., 2003, *A Basic Income Grant for South Africa*, Guy Standing & Michael Samson (eds), University of Cape Town Press.

Suplicy, Eduardo M., 2006, *Citizen's Basic Income: The Answer is Blowing in Wind*. http://usbig.net/papers/152-Suplicy-blowin.pdf

――――, 2007, "Basic Income and Employment in Brazil", *Basic Income Studies* 2(1).

USBIG NEWSLETTER 11(56), Spring 2010, "MONGOLIA: Thousands of protestors demand Alaska-style dividend."

Van der Veen, Robert J. & Philippe Van Parijs, 2006, "A Capitalist Road to Communism", *Basic Income Studies* 1(1).

Vanderborght, Yannick, 2004, "Do Trade Unions Form an Obstacle to the Introduction of a Basic Income", 10th Basic Income European Network Congress.

――――, 2006, "Why Trade Unions Oppose Basic Income", *Basic Income Studies* 1(1).

Van Parijs, Philippe, 1995, *Real Freedom for All: What (if anything) Can Justify Capitalism?*, Oxford University Press.

――――, 2004, "Basic Income: A Simple and Powerful Idea for the Twenty-First Century", *Politics & Society* 32(1): 7-39.

――――, 2006, "Basic Income versus Stakeholder Grants: Some afterthoughts on how best to redesign distribution", *Redesigning Distribution*. Wright, Erik O. (ed), Verso.

Van Parijs, Philippe et al., 2001, *What's Wrong with a Free Lunch?*, Joshua Cohen & Joel Rogers (eds), Beacon Press.

Van Parijs, Philippe & Yannick Vanderborght, 2010, "Basic Income, Globalization and Migration", 13th Basic Income Earth Network Congress.

White, Stuart, 2007, "The Republican Case for Basic Income: A Plea for Difficulty", *Basic Income Studies* 2(2).

Wright, Erik O, 2004, "Basic Income, Stakeholder Grants, and Class Analysis", *Politics & Society* 32(1).

――――, 2006, "Basic Income as a Socialist Project", *Basic Income Studies* 1(1).

Zelleke, Almaz, 2008, "Should Feminists Endorse a Basic Income?", 12th Basic Income Earth Network Congress.

関曠野, 2009, 「生きるための経済: なぜ所得保証と信用の社会化が必要か」. (김형수 옮김, 2009, 「삶을 위한 경제: 왜 기본소득 보장과 신용의 사회화가 필요한가」, 『녹색평론』 제108호.) http://bijp.net/sc/article/27

――――, 2010, 「사회신용론과 기본소득」, 『녹색평론』 제111호.

山森亮, 2009, 『ベーシック・インカム入門』, 光文社新書.

――――, 2010, "Missing Women: The Forgotten Struggles of Single Mothers for Basic Income", *Sustainable Utopia and Basic Income in a Global Era*, Seoul Basic Income International Conference 2010.

廣瀬純, 2007, 「기본소득의 상하좌우: 운동 없는 기본소득은 소용없다」, 『VOL』 2, IBUNSHA. (다중네트워크 일본어세미나팀 옮김, 2009, 『자율평론』 제29호.). http://www.jayul.net/view_article.php?a_no=1398&p_no=1

찾아보기

최광은

1995년 부산대 항공우주공학과를 졸업하고, 노동정책연구소, 한국노동자운동연구소를 거치며 『노동자운동과 산별노조』(1999년, 박종철출판사)를 썼다. 2000년부터 청년진보당 (현 사회당) 정치연수원에서 일했고, 2003년부터 2005년까지 사회당 정책위원장을 맡았다. 2006년 사회당 미래전략기획단 상임위원으로 일했고, 이후 당 대변인 등을 맡았다. 2008년 3월 사회당 대표로 선출되어 2010년 10월 말 임기를 마쳤다. 석사학위 논문 「기본소득 모델의 이해와 한국에서의 도입 가능성 연구」(2009년, 한신대 국제평화인권대학원)와 『왼 손잡이』(2010년, 좋은땅)를 썼다. 기본소득지구네트워크(BIEN) 평생회원이고, 현재 기본 소득한국네트워크(BIKN) 운영위원을 맡고 있다. '사람이 사람으로 사는 세상'을 위해 모두에게 기본소득이 필요하다는 믿음이 있다. 별이 빛나는 어두운 밤하늘, 너른 품을 지닌 아름다운 산, 평생운동이라는 검도, 자연의 소리를 담은 오카리나를 좋아한다.

이메일 gwangeun@gmail.com │ 블로그 http://gwangeun.net

기본소득 총서 1
모두에게 기본소득을 – 21세기 지구를 뒤흔들 희망 프로젝트

지은이 │ 최광은
펴낸곳 │ 박종철출판사
주소 │ (412-827) 경기도 고양시 덕양구 화중로 104번길 28 씨네마플러스 704호
전화 │ 031-968-7635(편집) 031-969-7635(편집) 031-964-7635(팩스)
신고번호 │ 제2013-000045호
신고연월일 │ 1990년 7월 12일

제1판 1쇄 │ 2011년 1월 3일
제1판 3쇄 │ 2015년 7월 20일

값 12,000원

ISBN   978-89-85022-56-9   94330
ISBN   978-89-85022-55-2   94330 (세트)